TATORT KÖLN

GEORG BÖNISCH

TATORT KÖLN

TRUE CRIME 1074 BIS 1894

Greven Verlag

Für Liane

INHALT

»ER HERRSCHT WIE EIN TYRANN«

AUFSTAND DER BÜRGER GEGEN ERZBISCHOF ANNO II.

23. APRIL 1074

Ostern 1074. In Köln ist Jahrmarkt, eine Riesenattraktion seit Langem schon. »Nicht nur aus allen Städten am Rhein« kämen immer wieder Besucher, notierte ein Chronist, »sondern auch aus noch entfernteren Provinzen«. Und er fügte überschwänglich hinzu, dieser Jahrmarkt sei »in der ganzen Welt berühmt«.

Jubel, Trubel, Heiterkeit im »schönsten Ort, der entstanden jemals in deutschen Landen«, wie es im Annolied heißt. So mancher ist indes überzeugt davon, dass diese Stadt ein »Sündenbabel« sei mit »seidenstrotzenden Leibern«, »eher verführerisch als heilsam mit ihrem von Lüsten trunkenen Antlitz«. Einer, der immer wieder vor Lastern und allzu keckem Übermut warnt, ist der Stadtherr höchstselbst – Anno II., seit 1056 Erzbischof von Köln. Die Stadt sei, so behauptet er in seiner Osterpredigt, »in die Gewalt des Teufels« geraten. Und er mahnt »strenge Buße« an. Offenbar stört ihn die typisch rheinische Ausgelassenheit.

Anno ist Schwabe und – im Gegensatz zu seinen hochangesehenen Amtsvorgängern – beim Klerus und bei den Kölner Bürgern ziemlich unbeliebt. Die Menschen im Umland, Bauern und Tagelöhner, verehren ihn hingegen. Offenbar stört es sie nicht, dass der Erzbischof in Köln als selbstherrlich, raffgierig und starrsinnig verschrien ist, vielleicht wissen sie es auch nicht. Anno gilt zudem als Choleriker. »Im Zorn« könne er »seine Zunge nicht mäßigen« und schleudere dann »gegen alle ohne Ansehen Drohungen und Vorwürfe« heraus, räumt selbst der Biograf des Erzbischofs, Lampert von Hersfeld, ein, der Anno ansonsten sehr wohlgesonnen ist.

Aber der Erzbischof ist ein sehr mächtiger Mann – weil er in der Politik lange eine große Rolle spielte. Er war Erzkanzler der Römischen Kirche und Erzkanzler für Italien, zeitweise führte er die Regierungsgeschäfte für den minderjährigen König Heinrich IV., der später wegen seines Bittgangs zum Papst nach Canossa bekannt wurde. Und Anno ist, notabene, Feldherr. Kriegsherr, eine Art Gotteskrieger. Als Kölner Erzbischof gebietet er auch über mehrere andere Bistümer. Immer wieder machen deren Obere, in der Kirchensprache Suffragane genannt, ihm ihre Aufwartung.

STREIT IM RHEINHAFEN

An Ostern 1074 ist der Münsteraner Bischof zu Besuch – mit Sicherheit nicht wegen des famosen Jahrmarkts. Als der Gast am 23. April abreisen will, lässt Anno im Rheinhafen kurzerhand das Schiff eines reichen Kaufmanns beschlagnahmen, um den Bischof rheinabwärts zu befördern. Offenbar ist der Erzbischof davon überzeugt, dass ihm, dem Regenten, dieses Recht zusteht. Weil das Schiff bereits beladen ist, werfen die Schergen Annos die Waren über Bord, bedrohen die Mannschaft und hissen den erzbischöflichen Stander.

Doch galten Kaufleute, die im Fernhandel ihr Geld verdienten, seit den Tagen Kaiser Ludwigs des Frommen (814–840) als privilegiert. Ludwig hatte ihnen zugesichert, nie ihre »Schiffe für unseren Bedarf wegzunehmen«. Denn ohne Schiffe kein Handel mit anderen Städten oder Ländern. Und Köln ist ein Zentrum des europäischen Fernhandels. Genau deshalb sollte die Stadt zur größten und bedeutendsten in deutschen Landen werden.

Der Sohn des Kaufmanns, mutig, kräftig und in der Bürgerschaft gut vernetzt, trommelt schnell etliche Freunde zusammen. Sie schlagen Annos Handlanger in die Flucht. Was als Notwehr gegen eine unrechtmäßige Weisung beginnt, hat das Zeug zu einem Aufruhr, der für den Erzbischof gefährlich werden könnte. Dem bleibt – vorerst – nur eine zornige Drohung: Die Anführer würden beim nächsten Gerichtstag zur Rechenschaft gezogen und mit »der verdienten Strafe gezüchtigt«.

Binnen Kurzem entlädt sich in der Bevölkerung eine Wut, die sich offenbar schon lange aufgestaut hat. Der Mönch Lampert von Hersfeld schildert in seinen *Annalen* eindrucksvoll, mit welchen Worten der Kaufmannssohn den Regenten attackiert: »Er herrscht wie ein Tyrann, beschimpft die ehrenhaftesten Bürger und nimmt Unschuldigen ihre Habe weg.« Die Menge habe ungezügelt getobt in ihrem Verlangen nach einem Umsturz, erzählt Lampert weiter. Aber er tadelt Anno auch – weil er dessen Ankündigung als rechtswidrig erachtet. Als Racheakt. Als Akt der Willkür.

In Windeseile stürmen die Aufständischen den erzbischöflichen Palast. Einige beginnen zu plündern, andere bedienen sich im Weinkeller. Es war wohl geplant, Anno zu lynchen. Doch der kann sich zu mitternächtlicher Stunde in den Dom retten und von dort aus durch ein Loch in der römischen Stadtmauer aus Köln entkommen. Lampert schildert die Flucht so: »Es gab einen engen Zugang vom Dom in den Schlafsaal und weiter vom Schlafsaal in das Atrium und in das Haus eines Kanonikers, das an die Stadtmauer gebaut war. Dieser hatte nun einige Tage vor dem Aufstand vom Erzbischof die Erlaubnis erhalten – Gott selbst hatte dies zur Rettung des Erzbischofs so gefügt –, die Stadtmauer zu durchbrechen und sich so einen kleinen Hinterausgang zu verschaffen. Da hinaus wurde der Erzbischof geleitet [...].«

Draußen vor der Mauer stehen schon vier Pferde bereit. Anno und seine Begleiter reiten mitten in der Nacht zur Festung Neuss. Dort lässt der Erzbischof zum Gegenschlag rüsten.

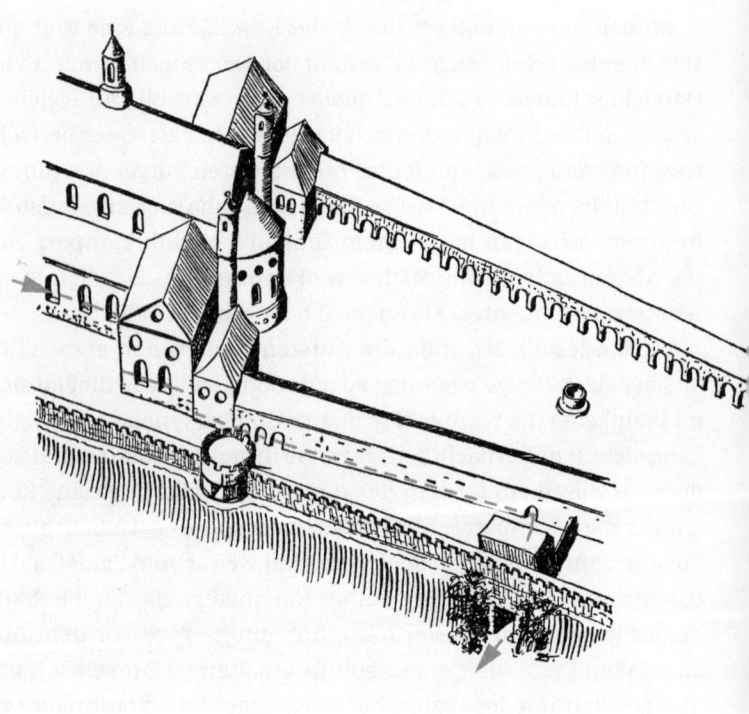

DIE RACHE DES ERZBISCHOFS

Die Rebellen ahnen, was ihnen bevorsteht. Alle Wachtürme der Stadt werden doppelt und dreifach besetzt. Kuriere übermitteln König Heinrich IV. die eindringliche Bitte, er möge nach Köln eilen und den Bürgern helfen. Doch das klappt nicht. Erst später versucht Heinrich – erfolglos – zu vermitteln.

Nach vier Tagen kehrt Anno zurück – an der Spitze einer schlagkräftigen Truppe, der sich etliche seiner Sympathisanten aus den Dörfern rings um Köln angeschlossen haben. Gegen diese Übermacht haben die Mannen um den Kaufmannssohn, die zumeist unbewaffnet sind, keine Chance. Sie unterwerfen sich, erklären sich für schuldig und zur Buße bereit. Als Zeichen ihrer Unterwerfung, die Anno nicht akzeptiert, treten sie ihm barfuß und im wollenen Büßergewand entgegen.

Viele reiche Kaufleute – angeblich mehr als 600 – verlassen daraufhin fluchtartig die Stadt. Anno gibt Order, 72 Stunden auf deren Rückkehr zu warten. Als die Frist verstrichen ist, lässt der Erzbischof zuschlagen. Seine Leute dringen in die Häuser der Rebellen ein, plündern, »strecken die ihnen Entgegenkommenden teils nieder, nehmen sie teils gefangen und werfen sie in Ketten«, so Lampert. Der Kaufmannssohn und einige seiner Helfer werden öffentlich ausgepeitscht, geschoren und geblendet. Die Blendung galt schon in der Antike als schwerste Verstümmelungsstrafe. Entweder wurden die Augäpfel herausgerissen – oder weggebrannt. Die Flüchtigen werden von Anno exkommuniziert, und ihr Besitz wird konfisziert.

Ein Jahr später, gezeichnet von schwerer Krankheit, packt Anno die Reue. Er erlässt eine Generalamnestie, hebt den verhängten Kirchenbann auf und erteilt die Anweisung, den Menschen ihre beschlagnahmten Güter zurückzugeben. Ihm mag klar geworden sein, dass »die städtischen Ordnungsprinzipien nicht ohne die vermögendsten, fähigsten und einflussreichsten Bürger aufrechtzuerhalten« waren, so die Historiker Carl Dietmar und Hugo Stehkämper. Auf jeden Fall hatte sich das politische Machtgefüge mit einem Schlag zugunsten einer begüterten Oberschicht verschoben, die zum ersten Mal in der Kölner Geschichte als politische Kraft in Erscheinung trat. Diesem Aufstand gegen die Obrigkeit kommt eine große historische Bedeutung zu – weil er der Beginn eines demokratischen Bürgertums war. Der ganz leise Beginn.

BÜRGER ENTMACHTEN DEN STADTHERRN

Von nun an erkämpften sich die Bürger Kölns Schritt für Schritt mehr Rechte. So verdoppelten sie 1106 das städtische Areal – was den Neubau einer Stadtmauer notwendig machte – ohne Absprache mit dem damaligen Erzbischof Friedrich I. von Schwarzenburg, der eigentlich für die Befestigungsanlagen zuständig war und den Plan missbilligte. Ordentlich Geld machte ihn gefügig, und Geld hatten die Kölner Kaufleute genug. Und sie kreierten zwischen 1114 und 1119 kurzerhand ein Stadtsiegel, eigentlich ein fürstliches Privileg.

Dieses Spiel um die Macht ging für den Stadtherrn am 5. Juni 1288 mit der Schlacht bei Worringen endgültig verloren. In einem der größten Gefechte des Mittelalters unterlag das Heer des Kölner Erzbischofs Siegfried von Westerburg auf der Fühlinger Heide nördlich der Stadt den Truppen von Herzog Johann I. von Brabant, zu denen auch führende Kölner Familien und deren Gefolgsleute und Milizionäre zählten. Unterstützt von Kräften aus dem Bergischen sollen traditionsreiche Familien wie die Overstolz, Lyskirchen, Hardevust, Spiegel oder Gyr entscheidend beteiligt gewesen sein am Sieg über den Erzbischof und an dessen Gefangennahme. Siegfried von Westerburg verlor mit dieser Niederlage die weltliche Herrschaft über Köln. Er musste die Stadt verlassen und durfte sie nur noch zu religiösen Handlungen betreten. Fortan residierten die Erzbischöfe in Bonn und Brühl.

»Köln hat niemals eine Residenzstadt sein wollen«, sagte Josef Kardinal Frings, einer der Amtsnachfolger Siegfrieds von Westerburg, als ihm 1967 im Kölner Rathaus die Ehrenbürgerurkunde überreicht wurde: »Köln hat das Joch einer Residenzstadt von sich abgeschüttelt.«

1948 wurde bei Grabungsarbeiten am Dom das Schlupfloch ent-deckt, durch das Anno seinerzeit entkam. Wer in der riesigen Tiefgarage unter der Domplatte sein Auto parkt, kann den soge-nannten Annostollen besichtigen: Es ist quasi Teil der Zufahrt.

Anno II. starb am 4. Dezember 1075. Gut ein Jahrhundert später wurde er heiliggesprochen – trotz allem.

»DIE HUS IN DER JUDENGASSEN VERBRANT«

DIE KÖLNER BARTHOLOMÄUSNACHT

23. AUGUST 1349

Sonntägliche Ruhe herrscht am Vorabend des 24. August, dem Tag, an dem die Katholiken seit jeher an den hl. Bartholomäus erinnern, einen der zwölf Apostel, der den Märtyrertod starb. Nichts deutet darauf hin, dass sich in den nächsten Stunden das wohl schrecklichste Verbrechen in der Stadtgeschichte ereignen wird – ein Pogrom.

Köln ist Mitte des 14. Jahrhunderts eine der größten Metropolen Europas. Mehr als 40.000 Bürger leben hier, unter ihnen auch 750 Juden, mindestens. Ihr Viertel liegt im Herzen der Stadt, nicht weit entfernt vom Dom, direkt am Alter Markt. Ein geschlossenes Viertel, doch kein Ghetto. Mauern und Tore sollen es gegen mögliche Attacken schützen, der Stadtbote öffnet sie morgens und verschließt sie abends wieder. Dafür entlohnen die Juden ihn reichlich.

Für viele von ihnen ist Köln schon seit Langem »die schöne Stadt, von wo Lebensunterhalt ausging für alle unsere in allen Enden zerstreuten Brüder«, wie ein Mainzer Chronist schrieb. Ein jüdischer Weltreisender nannte Köln gar »Hauptstadt des Reiches«, weil sie ihm die attraktivste aller Städte zu sein schien. Die meisten Kölner Juden sprechen Deutsch, manche haben deutsche Vornamen. Ihre Synagoge, ihr Bad, Mikwe genannt, oder ihr Tanzhaus haben christliche Handwerker in gotischem Stil errichtet. Inmitten des Judenviertels liegt das Rathaus, ein eher bescheidenes Gebäude, dessen Hauptbalken im Nachbarhaus verankert ist, das Juden gehört: Statik quasi als Symbol guter Nachbarschaft und als handfester Beweis für die »lange währende Integration der Juden in die städtische Gesellschaft Kölns«, wie der Historiker Matthias Schmandt feststellt. Bis diese Form der Koexistenz, die jahrhundertelang andauerte, in der Bartholomäusnacht 1349 brutal aufgekündigt wird.

ÄLTESTE JÜDISCHE GEMEINDE DEUTSCHLANDS

Wie lange bereits Juden in Köln ihr Zuhause hatten, gilt immer noch als ein Mysterium. Manche Forscher behaupten, seit spätantiken Zeiten. Schon im vierten Jahrhundert gab es hier offenbar eine wohlhabende jüdische Gemeinde. Das erste schriftliche Zeugnis stammt aus dem Jahr 321 – ein Dekret Kaiser Konstantins, das Juden in seinem Reich verpflichtete, Ämter in Kurien, den römischen Stadträten, anzunehmen. Auch in der niedergermanischen Hauptstadt Agrippina, dem heutigen Köln. Weitere jüdische Spuren im Rheinland sind erst wieder für das Jahr 797 erfasst. Damals war ein Jude namens Isaak Teilnehmer einer Delegation, die im Auftrag Karls des Großen von Aachen aus Richtung Bagdad aufbrach, zum Hof des legendären Kalifen Harun al-Raschid. 802 kehrte Isaak zurück an den Rhein, als einziger.

Ab 900 kamen immer mehr jüdische Menschen nach Köln. Es waren zumeist Kaufleute aus Oberitalien und Südfrankreich. Zwar deuten Scherbenfunde darauf hin, dass eine Gemeinde bereits zuvor existiert haben könnte. Doch die ersten verlässlichen, schriftlichen Hinweise stammen aus dem 11. Jahrhundert, als die Stadt boomte. »Die Niederlassung von Juden geschah also im Gefolge der Stadtentwicklung«, erklärt Johannes Heil, langjähriger Rektor der Hochschule für Jüdische Studien in Heidelberg. Die Ansiedlung der Immigranten kann somit als Teil eines Wirtschaftsprogramms gesehen werden, das Köln schnell zu einem der wichtigsten europäischen Handelsplätze werden ließ.

Dafür, dass sie mitten in Köln an prominenter Stelle wohnen durften, forderte der Stadtherr, der Erzbischof, von den Juden hohe Steuern und Abgaben. Im Gegenzug sicherte er ihnen zu, sie beständig zu beschützen, und gewährte ihnen Privilegien wie etwa das Recht auf freie Religionsausübung und eine eigene Gerichtsbarkeit. Die erste Synagoge wurde in der ersten Hälfte des 11. Jahrhunderts eingeweiht und zählt damit zu den ältesten Synagogen in Deutschland.

DAS ERSTE POGROM 1096

Bereits 1096 war es zu einem furchtbaren Angriff auf die jüdische Gemeinde in Köln gekommen. Im November 1095 hatte Papst Urban II. zum Kreuzzug gegen die »Heiden« im Heiligen Land aufgerufen. Für die Kreuzfahrer auf dem Weg in den Nahen Osten sollte die Vernichtung der »Feinde Christi« nicht erst mit den Muslimen beginnen. Schon im eigenen Land begann der Krieg gegen »Ungläubige«.

Am 29. Mai 1096 trafen in Köln erste Nachrichten von Gräueltaten gegen Juden in den umliegenden Dörfern ein. Sie wurden dort vor die Alternative gestellt: »Tod oder Taufe!« Kölner Christen versteckten die Bekannten von nebenan in ihren Häusern, konnten jedoch nicht verhindern, dass fanatisierte Kreuzfahrer kurz darauf deren Wohnungen plünderten und die Synagoge zerstörten. Erzbischof Hermann III. von Hochstaden, als Schutzherr ja verantwortlich für die jüdischen Bürger, versuchte daraufhin, diese heimlich aus Köln zu schmuggeln und in Dörfern abseits der

Hauptverkehrsrouten in Sicherheit zu bringen. Doch gelang es den Kreuzfahrern, mit Unterstützung der Landbevölkerung, die allermeisten aufzuspüren. Wohl mehr als 300 Menschen wurden getötet.

250 JAHRE FRIEDLICHE KOEXISTENZ

Dennoch wuchs die Gemeinde in Köln in den Jahrzehnten nach diesem ersten Pogrom wieder stark an. Für Kauf- und Finanzleute war die Stadt außerordentlich attraktiv, und die Hilfeleistung der Bürger und des Erzbischofs hatte vertrauensbildend gewirkt. An einer wirklichen Toleranz mangelte es zwar, denn beide Seiten kannten im Glauben keinen Kompromiss, doch im täglichen Leben war das Verhältnis recht entspannt. Viel früher als in anderen Städten wurde den Juden in Köln sogar Verantwortung für die Verteidigung der Stadt übertragen. Bereits ab 1106 oblag ihnen die Bewachung eines Stadttors, und dass sie tatsächlich auch eine Art Kriegsdienst leisteten, beweist eine Urkunde aus dem Jahr 1252. Sie hätten, heißt es dort eher beiläufig, während eines Waffengangs zwischen dem Stadtherrn und städtischen Patriziern »muros et civitatem Coloniensem« bewacht, also die Mauern und die Bürgerschaft der Stadt.

Wohlhabende Juden beschäftigten christliche Knechte und Mägde, die meist bei ihnen wohnten. Wie eng das Miteinander auch auf Verwaltungsebene war, zeigt die Praxis beim Kauf und Verkauf von Immobilien. Der jüdische Gemeindevorstand bestätigte die Geschäfte mit hebräisch verfassten Urkunden. Die wiederum wurden, auf Deutsch, im Kataster der Pfarrei St. Laurenz eingetragen. Die Juden durften städtische Ämter bekleiden und benutzten gemeinsam mit den Christen Kloaken, deren Reinigungskosten geteilt wurden. Die Nachbarn, urteilte der Geschichtswissenschaftler Robert Hoeniger, ein exzellenter Kenner des mittelalterlichen Judentums, seien »auf bestem Wege« gewesen, »zu einer einheitlichen Bevölkerung zu verschmelzen«.

Ein Beleg für die lange währende friedliche Koexistenz lässt sich im Kölner Dom nahe der Schatzkammer besichtigen: das

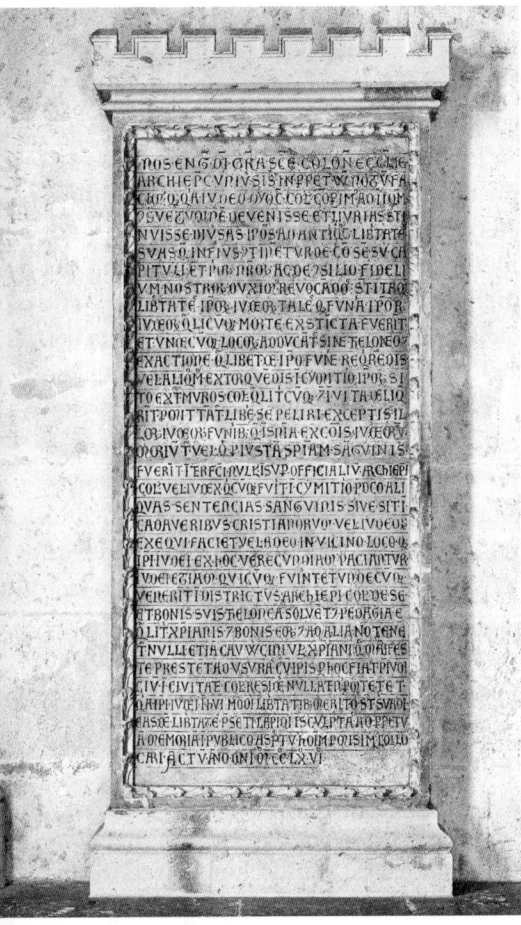

»Judenprivileg« von Erzbischof Engelbert II. von Falkenburg, eine mehr als zwei Meter hohe steinerne Urkunde in lateinischer Sprache aus dem Jahr 1266. Sie garantierte noch einmal den Schutz vor willkürlichen Abgaben und vor Konkurrenz beim Geldverleih und sollte den Juden »ihre alten Freiheiten« sichern.

Doch 1288 geriet das Koordinatensystem schlagartig durcheinander – durch die legendäre Schlacht bei Worringen. Sie bildete den Höhepunkt der seit Langem schwelenden Konflikte zwischen den Erzbischöfen und den Kölner Bürgern, die deren weltliche Machtbefugnisse eindämmen und ihre Stadt allein regieren wollten. Die Niederlage von Erzbischof Siegfried von Westerburg in dieser Schlacht war für die Juden auch eine Niederlage ihres Schutzherrn. Bislang betrugen die Steuern, die sie an die Stadt für ihren Schutz bezahlen mussten, nur ein Drittel dessen, was der Erzbischof von ihnen kassierte. Jetzt verlangten die Stadtoberen Steuern in derselben Höhe – und bekamen sie. Das Verhältnis kühlte sich alsbald merklich ab. Seit Worringen seien die Juden erst recht Leute des Erzbischofs gewesen und somit »Gegner der Kommune«, sagt Johannes Heil.

Anfangs waren es nur Kleinigkeiten. So durften die Juden vor ihren Häusern keine Abfallhaufen ohne entsprechende Genehmigung liegen lassen. Und im Jahr 1341 untersagte der Rat die geplante und eigentlich überfällige Erweiterung des jüdischen Viertels. Die Geld- und Pfandleihe, jener Geschäftszweig, in den sie abgedrängt worden waren, geriet zunehmend in die Kritik. Den Juden wurde glattweg unterstellt, Wucherer zu sein.

PESTEPIDEMIE IN EUROPA

Ein knappes Jahrzehnt später wird aus der ehedem nachbarschaftlichen Eintracht blanker Hass, weil sich machtpolitische Interessen und irrationale Gerüchte zu einer explosiven Mischung vermengen. Auch ein Grund dafür ist die Pestepidemie, die seit 1347 in Europa wütet. Sie war zunächst in Italien ausgebrochen und hatte Anfang 1348 Südfrankreich erreicht. Allein in Avignon, wo der Papst residierte, sollen in einem Monat Tausende Menschen gestorben sein. Die Schreckensnachrichten werden durch böse Gerüchte aus Frankreich noch verdichtet: Juden sollen für die Seuche verantwortlich sein, weil sie aus Hass auf die Christen Brunnen vergiftet hätten. Der Kölner Rat reagiert auf den ersten Blick besonnen. Im Januar 1349 schreibt er an seine Straßburger Kollegen, er werde die Kölner Juden gegen Verdächtigungen und Übergriffe schützen, weil die Pest kein »teuflischer Anschlag der Juden« sei. Bei Licht betrachtet ist diese Zusicherung vor allem politisches Kalkül. Es geht darum, Tumulte zu verhindern: Der städtische Frieden ist dem Kölner Rat heilig.

In Frankreich und entlang des Rheins kommt es ab Anfang 1349 zu Pogromen. Unter anderem in Basel, Straßburg, Speyer, Worms und Koblenz werden die jüdischen Gemeinden ausgelöscht. Auch in Köln herrscht zunehmend Hysterie, obwohl hier die Pest noch gar nicht ausgebrochen ist. Angeheizt wird die Situation durch ein weiteres Ereignis: Am 14. August stirbt der Kölner Erzbischof Walram von Jülich, als er sich auf einer Reise in Paris befindet. Es dauert einige Tage, bis die Nachricht am Rhein eintrifft. Die Neuigkeit lautet nicht nur: Walram ist tot, sie heißt auch: Ein Schutzherr der jüdischen Gemeinde ist tot.

DIE BARTHOLOMÄUSNACHT

Dies scheint das Signal zum Angriff zu sein. In der Nacht vom 23. auf den 24. August, der Bartholomäusnacht, dringt eine Meute von Angreifern gewaltsam in das Judenviertel ein. Die Tore sind für sie kein Hindernis. Sie töten alle, die sich ihnen in den Weg stellen, plündern und stecken die Häuser in Brand. Auch die Synagoge bleibt nicht verschont. Sie wird jedoch nicht planlos zerstört, sondern regelrecht ausgeweidet. Stunde um Stunde dauert die Gewaltorgie, der nur wenige Juden entkommen können. Wohl mindestens 500 Menschen, vielleicht sogar 1.000 werden hinweggemordet. Für das, was sich in der drangvollen Enge des Viertels abspielte, hat ein Chronist dieses bittere Wort geprägt: »Judenschlagen«.

Der Vertrag zwischen Stadt und Erzbischof über den Besitz der getöteten und vertriebenen Juden vom 23. September 1350

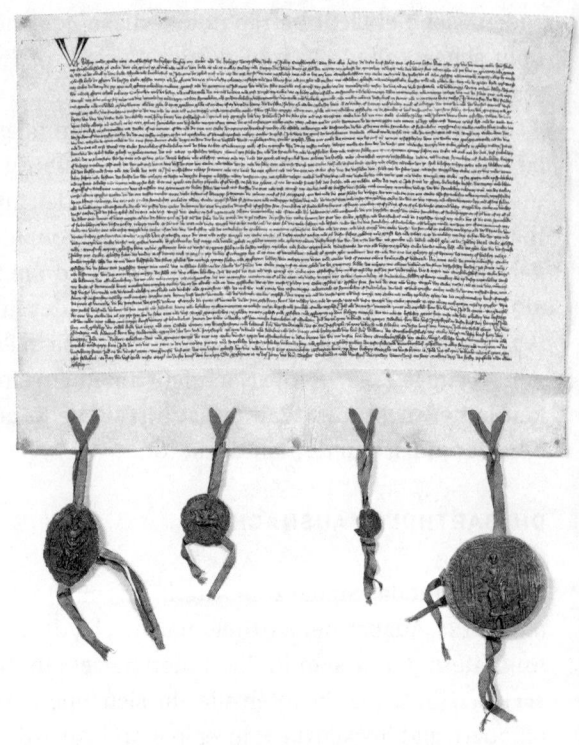

Wer die Täter waren, konnte nie abschließend geklärt werden, weil die Quellenlage dürftig und auch widersprüchlich ist. Eindringlinge hätten »die hus in der Judengassen verbrant«, heißt es in einer Urkunde vom November 1349 eher lapidar. Ein Haufen Auswärtiger und einige Habenichtse aus Köln hätten die Juden erschlagen, stellt ein offizielles Dokument ein Jahr später fest. Dies sei gegen den Willen des Rates und der »guede luyde unserer burgere von Coelne« geschehen. In anderen Quellen ist zu lesen, die Kölner Juden hätten sich selbst verbrannt. Die Absicht solcher Darstellungen liegt auf der Hand: Kölns Bürger der Mittel- und Oberschicht sollten in keinerlei Verdacht geraten. Denn in den Feuern verbrannten vermutlich auch Schuldscheine etlicher Familien, die bei den Juden in der Kreide standen.

Und belastend, ja entlarvend ist, dass die politische Führung nach diesem Jahrhundertereignis kein Wort des Bedauerns oder des Mitleids fand für dieses schreckliche Massaker. Sie bekümmerte nur, dass »Räuberhände« sich »jenes Gutes bemächtigt« hätten, das doch ohne Zweifel ihnen gehöre. Schon bald darauf, am 23. September 1350, einigten sich Walrams Nachfolger und die Stadträte per Vertrag, wem denn das noch verbliebene Gut der getöteten Juden gehörte. Die Lösung war eine pragmatische: Es wurde geteilt: halbe, halbe.

RÜCKKEHR UND AUSWEISUNG DER JUDEN

Es dauerte fast ein Vierteljahrhundert, bis sich Juden wieder in Köln niederlassen durften. Am 3. Oktober 1372 unterschrieb Erzbischof Friedrich von Saarwerden einen Schutzbrief für die nächsten zehn Jahre. Der Rat fertigte wenig später ebenfalls einen Schutzbrief aus. Die alten Rechte wurden ihnen nicht mehr gewährt. Häuser konnten sie nur pachten, der Erwerb von Grundbesitz war ihnen verboten, Schuldansprüche aus der Zeit vor August 1349 galten als nichtig.

Und sie mussten laut einer Anordnung vom Juli 1404 »solche Kleidung tragen, dass man sie als Juden erkennen kann«. Fünfzehn

Paragrafen befassten sich mit Hut oder Hemd, mit Hose oder dem Rock. So hieß es zum Beispiel: »Die Kapuzen eines jeden Mannes über 13 Jahre müssen mindestens eine Elle lang sein, die Schulter anderthalb Ellen lang und nicht breiter als ein halbes Viertel.« Das war Schikane, Erniedrigung.

Im Jahr 1424 beschloss der Kölner Rat, gegen das Votum des Erzbischofs, die Juden endgültig zu vertreiben, und zwar »up ewige tzyden«. Wer in die Stadt wollte, benötigte einen Passierschein. Viele zogen weit weg, andere ließen sich ganz in der Nähe nieder – etwa im rechtsrheinischen Mülheim, das zum Herzogtum Berg gehörte.

Erst als napoleonische Revolutionstruppen 1794 Köln besetzten, waren Juden wieder willkommen. Am 11. Dezember 1797 erließ die neue Behörde einen Aufruf, in dem es hieß: »Alles, was nach Sklaverei schmeckt, ist aufgehoben. […] Nur Gott allein werdet ihr von euren Glaubensmeinungen Rechenschaft zu geben haben, und eure bürgerlichen Rechte werden von diesen nicht abhängen; jene Meinungen mögen seyn, wie sie wollen, so werden sie ohne Unterschied geduldet werden, und gleichen Schutz genießen.«

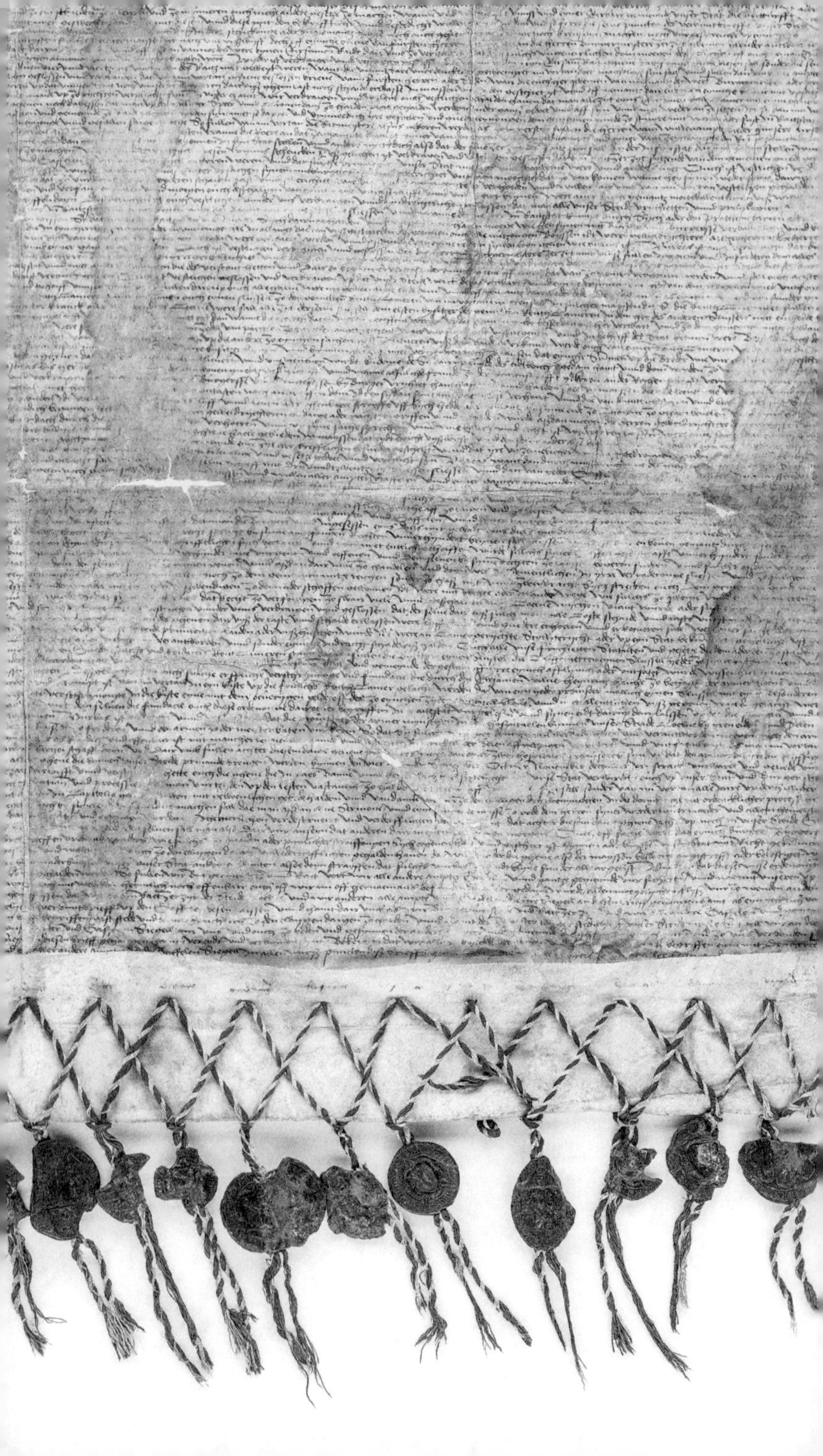

»WIR LASSEN UNS DAS NICHT MEHR GEFALLEN«

AUFSTAND DER GAFFELN GEGEN DEN RAT

JAHRESWECHSEL 1512/13

Der 21. Dezember 1512 ist ein Dienstag. Um die Mittagszeit wollen die Steinmetze, organisiert in einer der 22 Gaffeln Kölns, ihre neuen Chefs wählen, Amtsmeister genannt. Plötzlich geraten einige Männer aneinander, es kommt zu Schlägereien, Blut fließt. Als es nicht gelingt, den heftigen Streit zu schlichten, bitten die Amtsmeister den Rat um Hilfe.

Wenige Tage später inhaftieren Stadtsoldaten einige Steinmetze. Daraufhin fliehen weitere Kollegen, die an der Rauferei beteiligt waren, in das Stift St. Maria im Kapitol. Dort werden sie von Freunden und Familienangehörigen mit Lebensmitteln versorgt – und auch mit Waffen. Ein Affront dem Rat gegenüber, fast eine Verhöhnung. Zwei Gewaltrichter, quasi die Polizeichefs der Stadt, geben Order, das Gotteshaus anzugreifen, um die Geflüchteten dingfest zu machen. Bei der Auseinandersetzung soll es Tote und Verletzte gegeben haben, einigen Steinmetzen gelingt die Flucht. Der Zugriff ist ein ungeheuerlicher Akt, ein flagranter Verstoß gegen die Immunität der Kirche. Zudem will der Rat die fünf inhaftierten Steinmetze hinrichten lassen. Die Reaktion darauf erfolgt prompt. Steinmetze, Zimmerleute, Dachdecker und andere Gesinnungsgenossen machen Front gegen den Rat, dessen Machtanspruch und Kompetenz sie seit Jahrzehnten immer wieder infrage stellen und der in der Bürgerschaft kaum noch Unterstützung findet.

Am Vorabend des Neujahrstags 1513 sprechen sich auch die bis dahin eher ratstreuen Wollenweber in einer Resolution gegen den Rat aus. Was sie formulieren, hat der Kölner Historiker Gottfried Eckertz vor Langem so wiedergegeben: »Es ist eine Verletzung der Freiheit, wenn man einen kölnischen Bürger in seinem Haus und Bette, noch ärger ist es, wenn man ihn in der Klosterfreiheit ergreift und in den Kerker wirft.«

Vier Tage später, am 4. Januar 1513, treffen sich im Stift St. Maria im Kapitol Vertreter aller Gaffeln und Zünfte, um über das weitere Vorgehen zu beraten. Längst geht es nicht mehr nur um die Freilassung der inhaftierten Steinmetze. Vertreter der Wollenweber und der Fassbinder ergreifen das Wort und beklagen, dass der Rat die Kölner Verfassung – nämlich den sogenannten Verbundbrief von 1396, quasi das kölnische Grundgesetz – nicht mehr achte. Dass er die Freiheit der Bürger antaste und unerhört hohe Steuern auf Lebensmittel und Wein erhebe – wohl um sich selbst zu bereichern. Die Wortführer erklären: »Wir [...] wollen uns das nicht mehr gefallen lassen [...] und stellen nun an euch die Frage, ob es mit euch anders ist, ob ihr mit uns oder mit dem Rate gehen wollt.«

Die Antwort ist eindeutig – gegen den Rat.

DER AUFSTAND

Unmittelbar nach der Versammlung bewaffnen sich die Zunft- und Gaffelgenossen und besetzen die Türme und Stadttore. Im Zeughaus bewachen Schmiede und Studenten die dort gelagerten Waffen. Am 5. Januar wählen die Gaffeln 178 Vertrauensmänner, die eine provisorische Stadtregierung bilden, »Große

Schickung« genannt. Eckertz bezeichnet sie als eine Art »Revolutionsausschuss«. Dieses Gremium tagt im Haus Quatermarkt, gegenüber vom Gürzenich, und stellt einen Forderungskatalog auf, der nicht weniger als 153 Punkte umfasst. Dabei geht es um Wahlen, die Verwaltung, das Handwerk, den Handel, das Finanzwesen, die Justiz und andere Bereiche des öffentlichen Lebens, in denen Missstände herrschen. Auch um die Geistlichkeit, deren Privilegien viele seit Langem kritisieren. Der Klerus solle nicht mehr bevorzugt werden, sondern die gleichen Lasten tragen wie der gemeine Bürger, lautet eine der Forderungen. Außerdem solle er die Sakramente kostenlos erteilen, also »die armen leudt mit kyrchenrecht nit mehr beschweren«.

Und doch scheint etlichen Kölnern solcherlei Ansinnen noch zu rücksichtsvoll zu sein, zu moderat. Sie bestimmen ein weiteres Gremium, das die »Große Schickung« überwachen soll. Mitglieder dieser Art Nebenregierung, »Kleine Schickung« genannt, zetteln in der Nacht zum 6. Januar einen blutigen Tumult gegen das Establishment an. Viele Ratsherren und andere Prominente fliehen oder werden festgesetzt, unter ihnen die beiden amtierenden Bürgermeister Johann von Rheidt und Johann von Oldendorp. Schon am 8. Januar beginnen die Prozesse gegen sie. Zehn Männer werden zwischen dem 10. und dem 15. Januar auf dem Heumarkt öffentlich enthauptet. Neben Rheidt und Oldendorp auch der Ratsherr Diederich Spitz, der an der Spitze jenes Kommandos stand, das die Immunität von St. Maria im Kapitol missachtet hatte.

MEHR RECHTE FÜR DIE BÜRGER

Das erbarmungslose Vorgehen der Kölner Bürger sorgt im ganzen Reich für großes Aufsehen. Kaiser Maximilian I. zeigt sich zunächst irritiert, weil er »zuvor solicher handlung nit ersuecht« worden sei. Nach eingehender Unterrichtung über Gründe und Motive nickt er alles ab, stellt Köln aber für die Anerkennung der neuen Machthaber 11.400 Gulden in Rechnung. Es scheint, als habe die Aussicht auf das viele Geld den Sinneswandel des häufig klammen Kaisers bewirkt.

Den Triumph über die Obrigkeit besiegelte eine Verfassungs-reform: Am 15. Dezember 1513 wurde der sogenannte Transfixbrief ausgefertigt, als Anhang zum Verbundbrief aus dem Jahr 1396. Be-nannt war er nach der mittelalterlichen Verwaltungspraxis, zwei oder mehr Urkunden inhaltlich gleicher Art mit Schnüren oder Pergamentstreifen zusammenzuheften (lateinisch: transfigere). Der aus einer Präambel und 36 Artikeln bestehende Transfixbrief sollte vor allem eine strengere Aufsicht über den Rat ermöglichen. Und er garantierte den Bürgern mehr Schutz und Freiheiten als bisher. So wurde darin auch die Unverletzlichkeit der Wohnung festgelegt – niemand dürfe grundlos »binnen Tage oder Nacht aus seinem Burgfrieden mit Gewalt« geholt werden.

Wyr proͤmͤßers tzoͤr tzuͤt des he[...]
Vortluͤs. Dous kuͤnnt vnnd bof[...]
vaͤnn denn Erßamͤn vuͤrßoͤg[...]
vnnd Raͤdt der Stadt Soͤ[...]
aͤnnͤn des vuͤrgeßchͤnͤn
warͤnͤn vͤy Johannis neyſt[...]
Orpell daͤ oͤnͤr ßperkͤnnͤl.
vnnd aͤnn des foͤnder noͤtß
tzaluͤt vaͤnn duͤßͤnn tremy
tremyͤnͤn Jͤn orͤkuͤnnt h[...]
vͤr nytß vnnd nyͤnͤ aͤnyͤl
Sparͤn duͤßͤr guͤtantͤroͤn[...]
vͤnͤßhͤnnͤdꝛtß Deꝛͤnnͤdeyſ[...]
monatz Juͤly

5. 7. 1533

Spitacls bezeüngt Reyndten wöynnen
innen. Daß wyr entpfangen hein-
den weyßen herren Burgermaistern
ne tzhein gült güllen. Die den
zuspitacls abkommen und verfallen
vernemen, was inhalt brieue vnd
zaigen, darumb die vier herren
v, gleycht lossht Dietz vnd Walbo[...]
x vnnd alles anders vorhelden
waß heyß hain yeh Heinreych Roß
proniseren men Sigell vnder vff
trucht. Begeüen zu dem Dinstag
oß dem vierschtzten tagh des

DER RENTBRIEF-FÄLSCHER

KONRAD DINSLACHEN HÄLT DIE JUSTIZ ZUM NARREN

DEZEMBER 1554

Dieser Konrad Dinslachen kannte sich aus mit der Justiz und den einschlägigen Paragrafen. Als Schöffe am Hohen Weltlichen Gericht in Köln lernte er Mörder und Diebe, Räuber und Fälscher kennen – bis er selbst zum Verbrecher wurde. Wir wissen nicht, ob der fast tägliche Umgang mit Akten und Urkunden ihn dazu verleitete, doch scheint es, als habe sich Dinslachen diese Erfahrungen gehörig zunutze gemacht. Er kam auf eine verblüffend einfache Idee, die sehr gewinnträchtig war: Dinslachen ließ Rentbriefe fälschen und mit nachgestochenen Siegeln versehen, um sie dann an Privatleute und vor allem an Klöster zu verkaufen. Die Käufer merkten den Schwindel erst, wenn sie vom Aussteller der Briefe Rente oder Zinsen kassieren wollten.

Das Geschäft mit echten Rentbriefen lief im Normalfall so ab: Die Stadt oder eine andere Behörde stellten einen Brief beispielsweise über die Summe von 500 Gulden aus. Der Käufer lieh der Stadt diesen Betrag, erhielt als Pfand das besiegelte Papier und bekam, wie bei allen anderen reellen Geldgeschäften, Zinsen. Er konnte freilich, wenn er Schulden hatte, das Dokument auch an einen Dritten abtreten – dann wurde dieser zum Vertragspartner des Ausstellers.

Für seine kriminellen Pläne brauchte Dinslachen zwei Helfer: einen Schreiber, der vorhandene Rentbriefe kopierte und dabei die Schrift des ursprünglichen Schreibers möglichst genau traf, und einen Mann, der ein Siegel nachstechen konnte, ebenfalls in guter Ausführung. Beide mussten also Experten auf ihrem Gebiet sein. Tatsächlich hatte Konrad Dinslachen echte Fachleute an der Hand, wie der Umfang der Fälscheraffäre beweist: Der finanzielle Schaden, den die Dinslachen-Bande anrichtete, betrug Zehntausende, wenn nicht Hunderttausende von Gulden.

»EINE ARGWÖHNLICHE SACHE«

Doch trotz aller Perfektion fliegt der Schwindel auf. Am 12. Dezember 1554 erhält der Rat die knappe Mitteilung, es sei »eine argwöhnliche Sache vorgefallen, die noch fleißige Erforschung erfordert«. Eine Untersuchungskommission wird gebildet. Vorerst sind nur deren Mitglieder über das ganze Ausmaß der Fälschungen informiert. Alle anderen Ratsherren werden gut zwei Wochen später davon unterrichtet.

In der Zwischenzeit ist es gelungen, mutmaßliche Mitglieder und Komplizen der Bande zu ermitteln und festzunehmen, darunter den Siegelstecher Hans Wildenburg und den Notar Joist Voss. Bandenchef Konrad Dinslachen kann jedoch nicht ergriffen werden, weil er sich mittlerweile in Frankfurt befindet. Er ist dort bereits wegen Schulden inhaftiert. Der zweite Kopf der Gruppe, Dinslachens Mutter, stirbt am 29. Dezember – einen Tag, bevor der Rat ihre Festnahme anordnen kann. Das Ratsprotokoll

Das Ratsprotokoll vom 30. Dezember 1554 zum Tod von Dinslachens Mutter

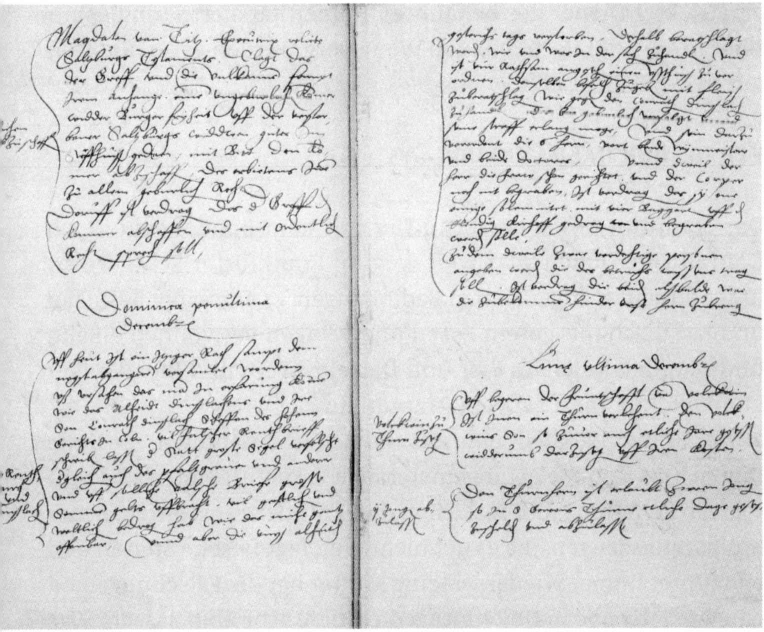

vermerkt: »Und weil der Herrgott die Frau schon gerichtet hat und der Körper noch nicht begraben ist, so solle sie auf den Elendigen Kirchhof getragen und dort begraben werden.« Dieser Friedhof ist die letzte Ruhestätte der Armen und Hingerichteten, der Ortsfremden und der Protestanten.

Nach den schnellen Anfangserfolgen kommen für die Ermittler harte Zeiten. Voss erklärt: »Ich habe zwar Rentbriefe kopiert, aber wie die Siegel darangekommen sind, weiß ich nicht.« Wildenburg behauptet: »Die Nachbildung eines Stadtsiegels habe ich nicht gestochen.« Dinslachens Stiefvater und ein ebenfalls in die Sache verstrickter Diener des bekannten Kölner Ratsherrn (und späteren Chronisten) Hermann von Weinsberg werden gegen Kaution auf freien Fuß gesetzt.

VERFAHREN IN FRANKFURT

Das Hauptinteresse der Ermittler gilt dem Bandenchef, doch Konrad Dinslachen sitzt weit weg im Frankfurter Schuldturm, unter durchaus angenehmen Bedingungen: Er empfängt Besucher und lässt sich mit gutem Essen und Trinken verwöhnen – Salm und Mandelklößchen, Eier und Datteln, Wein und Bier. Weil er kränkelt, kümmert sich ein Arzt um ihn.

Der Kölner Rat stellt eine Gesandtschaft zusammen, die Ende Januar 1555 samt Belastungsmaterial in Frankfurt eintrifft. In zahlreichen Verhören hält Dinslachen die Ermittler zum Narren, nennt Entlastungszeugen, die es gar nicht gibt, legt falsche Spuren und behauptet immer wieder: »Meine Mutter hat die Fälschungen begangen. Ich habe in Unkenntnis die Briefe schreiben lassen. Was ich getan habe, ist auf Geheiß von Mutter geschehen. Als Sohn bin ich ihr doch Gehorsam schuldig [...].«

Dinslachen wird in ein sichereres Gefängnis verlegt. Dem Frankfurter Rat kommt der Fall nicht sonderlich gelegen, schließlich ist Köln ja der Tatort. Doch leitet er ein Verfahren ein und lässt dies mit peinlicher Genauigkeit durchführen – auch wenn Dinslachens Frau Sophie mit all ihren adeligen Verwandten und deren angeblichem Einfluss auf die Frankfurter Messe droht. Derweil treibt der Gefangene sein Spiel mit der Justiz munter weiter. Mitte Juni 1555 gesteht er und bittet, doch endlich vor Gericht gestellt zu werden und sein Testament machen zu dürfen. Einige Tage später stellt er dann den Antrag, aus der Haft entlassen zu werden. Zu guter Letzt widerruft er sein Geständnis und bietet an, seine Unschuld zu beweisen – wenn man ihn freilasse.

Doch seine Vernebelungstaktiken nützen nichts. Auf der Grundlage mehrerer juristischer Gutachten wird im Januar 1556 das Urteil gefällt: lebenslange Haft.

Merkwürdigerweise erfährt in Köln niemand von diesem Schuldspruch. Deshalb fasst der Rat im Oktober 1556 noch einmal nach: »Schon 1555 sind die Fälschungen in Frankfurt angezeigt und die nötigen Beweise dafür erbracht worden«, heißt es in einem Schreiben an den Main. »Wir hätten daher erwarten können, dass man in Frankfurt gemäß der Reichsordnung gegen Dinslachen vorgehen würde. Das aber ist bisher nicht geschehen. So steht zu befürchten, dass der Gefangene ohne öffentliche Strafe dahin sterben könnte.«

Erst da bequemt sich Frankfurt, die Bestrafung des Ex-Schöffen nach Köln zu melden. Hier wundert man sich nicht nur über die späte Information, sondern auch über das Urteil: Bei derlei Verbrechen wird normalerweise, laut Paragraf 112 der »Peinlichen Gerichtsordnung« von 1532, die Todesstrafe verhängt. Kölns Beweismaterial, so scheint es, war also nicht ganz so dicht, wie die Stadtväter geglaubt hatten.

ZWEI NÄGEL VERHELFEN ZUR FLUCHT

Am Rhein ist der Fall Dinslachen fast schon vergessen, als Anfang Oktober 1558 die Flucht des Siegelfälschers aus dem Frankfurter Gefängnis bekannt wird. Die sofort eingeleitete Fahndung hat keinen Erfolg. In seiner Zelle wird ein Brief gefunden, der die Aufschrift trägt: »Der Obrigkeit zu behanden.« Dinslachen schreibt, voller Ironie: »Meine Flucht soll weder dem Kölner, noch dem

Frankfurter Rat zu Schaden gereichen. Ich danke diesem für die christselige Züchtigung, durch die ich im Innern erneuert zur wahren Erkenntnis Christi und des Evangeliums gelangt bin, dem ich die mir verbliebenen Tage nachleben will, so dass sich der Rat über meine Flucht nicht betrüben, sondern im Gegenteil zum höchsten freuen soll. Um aber keinen Unschuldigen in Verdacht zu bringen, will ich mitteilen, dass niemand mir bei der Flucht behilflich war. Ich habe vielmehr über der Tür zwei Nägel gefunden und mit diesen meine Flucht bewerkstelligt. Wie der Rat sehen kann, habe ich alle benutzten Werkzeuge beieinander liegen lassen, so dass eine weitere Untersuchung ganz unnötig ist. Ich bitte um Verzeihung für den Ausbruch und erbiete mich dem Rat zum willfährigen Dienst, wenn dieser meiner etwa bedürfen sollte, selbstredend unter sicherem Geleit.«

Der Einzige, dem die Flucht Dinslachens angelastet wird, ist der Gefängniswärter. Er wird aus dem Dienst entlassen, obwohl man ihm nichts nachweisen kann. Und noch einmal macht Konrad Dinslachen per Brief auf sich aufmerksam, bevor er endgültig von der Bildfläche verschwindet. Aus Friesheim – möglicherweise jenem Friesheim bei Erftstadt – lässt er einen Geistlichen in Frankfurt wissen: »Bitten Sie doch für mich den Frankfurter Rat, mir den Ausbruch nachzusehen und mich nicht weiter zu verfolgen.«

BRUTALER HANDLANGER DES ERZBISCHOFS

HIERONYMUS MICHIELS WIRD HINGERICHTET

22. AUGUST 1587

Die Herberge »Zum Heiligen Geist« am Thurnmarkt ist eine beliebte Lokalität nahe dem Rhein. Hier logiert Ende Mai 1587 Hieronymus Michiels, einer der ranghöchsten Mitarbeiter des Kölner Kurfürsten und Erzbischofs Ernst von Bayern. Michiels hält sich inkognito in der Domstadt auf, obschon er offiziell als Bürger registriert ist. Als Generalkommissar für Kriegsangelegenheiten soll er wieder einmal für seinen Chef Geld beschaffen, bei einer Clique von Kaufleuten, die gegen hohe Gebühren als Finanziers bereitstehen. Und das muss unbedingt geheim gehalten werden.

Denn es herrscht Krieg im Rheinland: Die Truppen Ernsts von Bayern stehen denen seines Vorgängers Gebhard Truchseß von Waldburg gegenüber. Auslöser war, dass Gebhard während seiner Amtszeit als Kölner Kurfürst und Erzbischof Protestant geworden war. Seine Ämter wollte er aber dennoch behalten. Schlimmer noch: Er erklärte, das Kurfürstentum solle protestantisch werden, doch könnten alle Einwohner ihre Konfession frei wählen. Der Papst exkommunizierte ihn umgehend, und das Kölner Domkapitel wählte 1583 Ernst von Bayern zum neuen Erzbischof, doch Gebhard Truchseß von Waldburg dachte nicht daran, aufzugeben. Es kam zum »Kölner Krieg«, auch »Truchsessischer Krieg« genannt.

GEHASST UND GEFÜRCHTET

Hieronymus Michiels war in Antwerpen geboren, dann aber, wie viele Holländer, ins Rheinland ausgewandert. Ernst von Bayern machte ihn zunächst zum Generalprofoß. Als solcher hatte er über die militärische Disziplin zu wachen – mit allen Mitteln, die zur Erhaltung der Disziplin eingesetzt werden konnten. Oder mussten. Michiels ließ Saboteure und Fahnenflüchtige jagen, sorgte für die Verpflegung der Soldaten und trieb mit rücksichtsloser Härte vielerorts Kriegssteuern ein, oft in willkürlicher Höhe. Er erhob Anklage gegen meuternde Militärs und besaß eine Vollmacht des Kurfürsten, Todesurteile auch sofort zu vollstrecken. Ihm unterstand zudem eine etwa 40-köpfige Sondereinheit samt Feldpater und Henker, die »Rote Rotte« genannt wurde. Sie war wegen ihrer Brutalität bald die am meisten gehasste und gefürchtete Truppe in ganz Kurköln.

Dem Kurfürsten gefiel Michiels' Härte. Er beförderte ihn alsbald zum Generalkommissar für Kriegsangelegenheiten. Dessen vorrangige Aufgabe ist es nun, die zur Kriegsführung benötigten Finanzen herbeizuschaffen – egal wie. Denn jedes Scharmützel kostet massenhaft Geld.

Offenbar hat der Generalkommissar für den 29. Mai 1587 ein Treffen mit potenziellen Geldgebern in Köln vereinbart. Als er

Gasthof zum Geist in Kölln
sehr angenehm gelegen am
Ufer des Rheins
Wittib Engels.

L'hôtel de l'Esprit à Cologne
Situé très Agreablement sur le
Bord du Rhin
Veuve Engels.

seine Herberge verlässt, läuft er direkt einem schwer bewaffneten Trupp Soldaten in die Arme. Der Kommandant fragt kurz, ob er Michiels sei. Als dieser nickt, sagt der Offizier, er habe Order vom Rat der Stadt, ihn festzunehmen. Michiels wird im Bayenturm eingekerkert. Man wirft ihm illegale Steuererhebungen vor, und was noch viel schwerer wiegt: Er soll wahllos Menschen »gemartert und getötet« haben. Auch Kölner Bürger.

»BLUTSAUGER UND WÜRGENGEL«

An jenem Freitag beginnt ein Politdrama, das einzigartig ist in der so komplizierten und verwickelten Kölner Stadtgeschichte jener Zeit. Denn Köln war zwar seit 1475 Freie Reichsstadt und keinem Landesherrn unterworfen, doch verzichteten die einstigen Landesherrn, die Erzbischöfe, mitnichten auf ihre Ansprüche. Sie residierten zwar längst nicht mehr in Köln, waren aber immer noch für die sogenannte Hochgerichtsbarkeit zuständig, also für Fälle, in denen es etwa um Körperverletzung ging oder um Mord und Totschlag. Die richterliche Gewalt oblag Männern, die eigentlich erzbischöfliche Beamte waren, die aber faktisch unter der Kontrolle des Rats standen.

Nach der Festnahme von Michiels gehen im Kölner Rathaus Dankesschreiben malträtierter Bürger aus allen Teilen des Rheinlands ein, samt neuen Vorwürfen gegen den »Blutsauger und Würgengel«, wie ihn der Kölner Geschichtsschreiber Leonard Ennen Ende des 19. Jahrhunderts nennt. Kurfürst Ernst von Bayern ist dagegen höchst empört. In Bonn, wo er residiert, klagt er vor seinen Leuten, die Inhaftierung sei ein ungehöriger Eingriff in seine Souveränität.

Die Sorge um seine vermeintlich untergrabene Souveränität ist jedoch nur vordergründig. Der Kurfürst befürchtet wohl eher, dass Details seiner Politik und Strategie ans Licht kommen könnten, wenn der Geheimnisträger Michiels verhört und gefoltert wird. Und Ernst von Bayern wird geahnt haben, dass die Stadt Köln mit allen Mitteln versuchen wird, ihre Souveränität und ihre Freiheit zu verteidigen.

Michiels selbst ist überzeugt davon, dass er schon bald wieder ein freier Mann sein wird. Es sei »nur eine Frage der Zeit«, bis sein Chef ihn heraushauen werde, erklärt er einem Mitgefangenen. Er habe nur Befehle ausgeführt.

Doch die Zeit verrinnt. Mitte Juni 1587 hat die Anklage bereits 16 Verbrechen zusammengetragen. Michiels soll nicht nur Kölner Kaufleute, die von auswärtigen Messen zurückkehrten, willkürlich eingesperrt haben, um ordentlich Lösegeld zu erpressen. Auch Morde in Rodenkirchen und Brühl werden ihm zur Last gelegt. In Lechenich habe er eine alte, ehrbare Bauersfrau aufhängen lassen, nur weil sie der Soldateska vorgeworfen hatte: »Statt uns zu beschützen, plündert ihr uns aus.« Zur Rechtfertigung hieß es später, die Frau sei als »Zauberin denuncirt« worden.

Als besonders perfide empfand man in Köln, einem der bedeutendsten Handelsplätze in Europa, dass auf Anordnung des Kurfürsten in Bonn im Oktober 1586 der Schiffsverkehr auf dem Rhein von Süden her blockiert worden war – angeblich, um Niederländer zu jagen, die mit Gebhard Truchseß von Waldburg verbündet waren, und sich an deren Gütern schadlos zu halten. Einer der Haupttäter: Hieronymus Michiels.

Die Bonner Blockade war für die Kölner Kaufleute in höchstem Maße geschäftsschädigend. Und deren Entrüstung steigerte sich noch, als einige ihrer Kollegen, die dagegen protestierten, von der Straße weg im Gefängnis landeten – was natürlich, so der Historiker Johannes Maria Ruëtz, »die kräftigste Gegenwehr der Kölner erforderte«.

Gegenwehr hieß auch: sich rächen an Michiels. Und damit vor allem einen zu treffen – Ernst, den verhassten Kurfürsten.

DER KURFÜRST MACHT DRUCK

In seiner Zelle wird der Generalkommissar mit dem vorläufigen Ermittlungsergebnis konfrontiert. Michiels, nervlich und körperlich fast am Ende seiner Kräfte, erklärt zum wiederholten Male: »Ich bin unschuldig.« Er habe so gehandelt, wie er habe handeln müssen.

Nachdem der Kurfürst den Rat bereits schriftlich und in recht freundlichem Ton um die Auslieferung Michiels' gebeten hat, schickt er im Juni 1587 zwei Unterhändler nach Köln. Sie sollen seiner Bitte Nachdruck verleihen, indem sie diese mündlich vortragen. Abgelehnt. »Michiels bleibt in Haft.« Auf die Frage, warum man denn so hart sei, antwortet Bürgermeister Kaspar Kannegießer angeblich: »Wir müssen auf die Stimme des Volkes Rücksicht nehmen.«

Und das Volk will nur eines – Michiels' Kopf.

Am 24. Juli erscheint eine zweite Delegation des Kurfürsten in Köln. Verhandlungsort mit der Stadtspitze ist dieses Mal die Sakristei von St. Laurenz. Was sich der Rat erlaube, sei »eine Anmaßung sondergleichen«, erklärt Ernsts Chefdelegierter Hermann von der Linden. Der Verhaftete sei »mit Eiden und Diensten« dem Kurfürsten unterworfen. Und wenn er etwas verbrochen habe, müsse er zur Bestrafung auch an diesen ausgeliefert werden. Gleichzeitig verspricht von der Linden, der Kurfürst werde jenen Kölner Bürgern, die nachvollziehbare Vorwürfe erheben, »zu ihrem Recht verhelfen«.

Die städtische Abordnung, zu der neben Kannegießer auch der Ratsherr – und spätere Chronist – Hermann Weinsberg gehört, trägt dem Rat die Forderung und die Zusage des Kurfürsten vor. Doch die Entscheidung ist klar: Hieronymus Michiels wird nicht ins kurfürstliche Gefängnis verlegt.

DIE ENTSCHEIDUNG

Der 3. August 1587 ist der entscheidende Tag. In der Ratssitzung trägt ein Ermittler vor, dass alle Anschuldigungen durch Zeugenaussagen belegt und damit bewiesen seien. Ursprünglich waren Michiels 16 Verbrechen angelastet worden – jetzt sind es 80. Im Sitzungsprotokoll heißt es knapp: »Nach Anhörung solcher kriminellen und hochsträflichen Sachen haben die Herren des Rhates für rhatsam angesehen, ihn zu liefern [...], damit diese Angelegenheit zu gebührendem Ende geführt werden möge.«

Gebührendes Ende – das bedeutet: Tod. Der Rat habe, wie ein Zeitzeuge schreibt, »hart uff die execution gedrongen«.

Ein untrügliches Zeichen dafür ist die öffentliche »Lieferung« an den Greven, den obersten Richter, einen Tag später. Tausende Schaulustige verfolgen die Überstellung. Michiels wird im Keller des Greven in Ketten gelegt, die an die Zellenwand geschmiedet sind. Sicher ist sicher. Weil Späher melden, der Kurfürst rüste auf und plane einen Befreiungsversuch, wird die Bewachung des Delinquenten verschärft: Soldaten nisten sich im Haus des Greven ein.

Am 8. August unternimmt Ernst von Bayern einen letzten Vorstoß. Er schreibt an den Greven und die Schöffen des Gerichts: »Sollt ihr etwa mit Rücksicht auf Bedrohungen vonseiten des Rhates oder aus andern Erwägungen [...] euch in dieser Sache beeinflussen lassen, [...] so müßt ihr bedenken, daß wir es dabei nicht würden bewenden lassen, sondern dasjenige vorzunehmen nicht umhin können, was unsere und der Sache Nothdurft zur Vertheidigung und Erhaltung des Rechtes und unserer Reputation erfordert.«

Heißt im Klartext: Obacht! Der Rat verstärkt die Wachen im und am Haus des Greven und an den Stadttoren. Im Hof von St. Aposteln steht ein schwerbewaffneter Trupp als Reserve bereit.

Am 18. August gesteht Michiels nach schwerer Folter. Drei Tage später fällen die Schöffen unter Vorsitz des Greven Kaspar Drach das längst erwartete Urteil: Tod durch das Schwert. Am 22. August wird der Generalkommissar zum Richtplatz Rabenstein geführt, der in der Nähe des Leprosenhauses Melaten liegt, weit vor den Toren der Stadt. Unzählige Schaulustige haben sich hier versammelt. Soldaten und Mitglieder der Bürgerwehr, angeblich fast 7.000, bewachen das Areal – doch von einem Heer des Kurfürsten ist nichts zu sehen.

Hieronymus Michiels, abgemagert nach der langen Haft und gezeichnet von der Folter, wankt auf das Schafott, gestützt von zwei Knechten des Henkers. Zum Volk will er nicht sprechen, wie es eigentlich üblich ist. Vielmehr bittet er den Scharfrichter, das

zu tun. Der ruft in die Menge, das Richtschwert in den Händen:
»Michiels bittet um Verzeihung für jede Beleidigung und um ein
Paternoster für seine Seele.«

Dann der präzise Hieb.

Der Künstler Frans Hogenberg hat dieses Hinrichtungsszenario
in Kupfer gestochen. Um Ernst von Bayern nicht weiter zu provozieren, ließ der Rat allerdings die Platte und die noch nicht in
Umlauf gebrachten Stiche konfiszieren – die Stadt wollte ihre
Ruhe wiederhaben.

Mindestens ein Exemplar konnte gerettet werden.

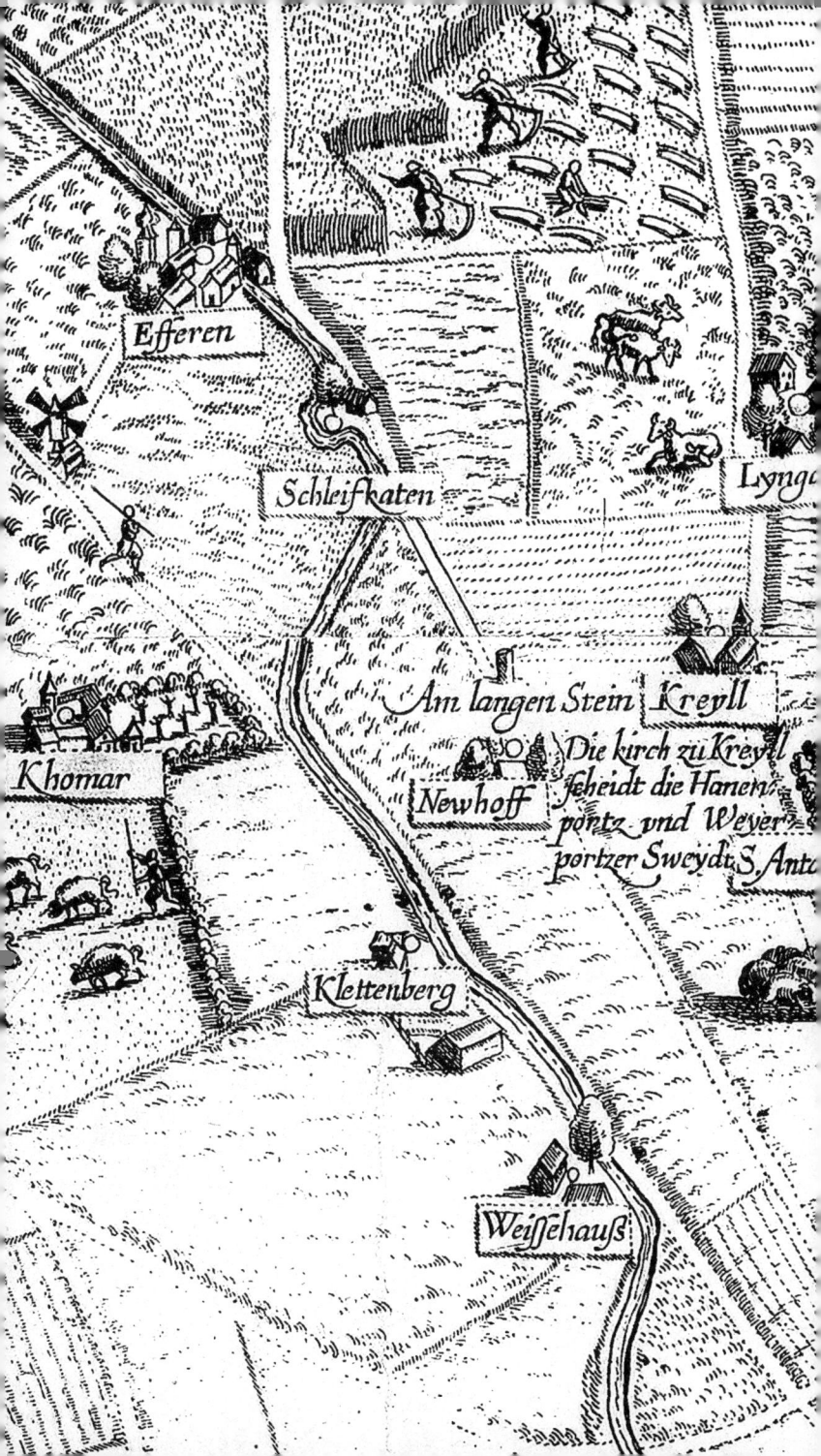

Efferen

Schleifkaten

Lyng

Khomar

Am langen Stein **Kreyll**

Newhoff

*Die kirch zu Kreyll
scheidt die Hanen-
pontz vnd Weyer-
portzer Sweydt. S. Ant*

Klettenberg

Weißehauß

Niungessdorff

MoerBdorff

vranckstein

Ma

GreinsMar

Auff der   edts lißt gezeichent
            det der Hanenportzer
            Ehrenportzer Sweidt

s Weyer

Malaten

Martiren

S. Ioris

OPFER DES HEXEN-WAHNS

DAS GRAUSAME SCHICKSAL DER KATHARINA HENOT

19. MAI 1627

Es ist sehr heiß am Vormittag des 19. Mai 1627, ziemlich ungewöhnlich für diese Jahreszeit. Vom Rhein her weht nur eine schwache Brise. Die Gegend am Hafen, sonst ein lebendiger, trubeliger Ort, ist wie leergefegt.

Am Domhof hingegen wimmelt es von Menschen. Alle starren gebannt auf eine ältere Frau in langem Kleid, die auf einem schmutzigen Karren hockt. Eine Frau, die als Chefin der Postmeisterei bis vor Kurzem noch zu den vornehmsten Kreisen Kölns gehörte: Katharina Henot, Tochter des früheren kaiserlichen Postmeisters Jakob Henot und Schwester von Hartger Henot – seines Zeichens Jurist, Domkapitular, Dechant und Propst, kurfürstlicher und kaiserlicher Hofrat. Ein hoch angesehener Mann.

Die Schaulustigen stellen sich auf die Zehenspitzen, um besser sehen zu können, denn der Fall hat in Köln hohe Wellen geschlagen. Katharina Henot soll eine Hexe sein – so jedenfalls hat es gerade der Greve, der Vorsitzende des Hohen Weltlichen Gerichts, verkündet. Und nachdem er das Todesurteil gesprochen hat, zerbricht er vor der Delinquentin ein weißes Stäbchen. Damit ist der Richterspruch symbolisch bestätigt.

Ein Knecht des Greven reißt Henot vom Wagen und schleppt sie zum »Blauen Stein«, einem Block aus Blaubasalt mit dem eingemeißelten Wappen des Erzbischofs. Er sagt: »Ich stüssen dich an de bloe Stein, do küss ze lebdag no Vader en Moder nit mih heim.« Dreimal geschieht dies, wie stets bei zum Tode verurteilten Verbrechern.

Und dann rollt der kleine Konvoi an – Richtung Melaten. Richtung Tod.

»HEXENBULLE« UND »HEXENHAMMER«

Hexerei, Zauberei und magische Vorstellungen jedweder Art spielten damals in allen Gesellschaftsschichten eine große Rolle. Vorstellungen über Magie existierten bereits in der Antike, zu Beginn des Mittelalters bildete sich jedoch ein neuer, gelehrter Hexereibegriff heraus. So erwähnte etwa der *Sachsenspiegel*, ein weltliches Rechtsbuch aus dem 13. Jahrhundert, Zauberei und Giftmischerei als ein Verbrechen, das mit dem Feuertod bestraft werden solle.

Aber wirklich ernst wurde der Kampf gegen die vermeintliche »Macht des Teufels« erst unter Papst Innozenz VIII. Er erließ am 5. Dezember 1484 die Bulle *Summis desiderantes affectibus*, die sogenannte Hexenbulle. Sie war die erste päpstliche Order, die gedruckt erschien – und konnte durch einen gut funktionierenden Vertrieb erheblich schneller publik gemacht werden als die handgeschriebenen Papiere zuvor.

Darin stand, es sei der »sehnlichste Wunsch« des Papstes, dass »jegliche ketzerische Verworfenheit aus dem Lande der Gläubigen« verjagt werden möge. Er beklagte, dass in einigen deutschen

Kirchenprovinzen »viele Personen beiderlei Geschlechts vom Glauben abgefallen« seien, »mit dem Teufel gottlose Bündnisse eingegangen, Menschen und Vieh großes Unheil zugefügt und auch sonst argen Schaden angerichtet hätten«. Und Innozenz nannte mehrere Städte – darunter Köln.

Damit spornte er selbst ernannte Hexenjäger wie die Dominikanermönche Jacob Sprenger, einst Dekan der Kölner Theologischen Fakultät, oder Heinrich Kramer (latinisiert Institoris) an, die als Inquisitoren tätig waren. Wahrscheinlich hat Kramer den Text der Bulle für den Papst sogar vorformuliert. Die Basis ihrer grausigen Arbeit bildete jedenfalls Kramers 1486 erschienenes Pamphlet *Malleus Maleficarum*, besser bekannt als »Hexenhammer«. Es ist ein krudes, zutiefst frauenfeindliches Sammelsurium von angeblichen Erkenntnissen – untermauert von einem Gutachten der Theologischen Fakultät der Kölner Universität, das sich später als Fälschung herausstellte.

Und doch schien der »Hexenhammer« enorm bedeutsam, weil er neben Argumentationshilfen für Richter auch präzise Anweisungen gab: wie zu verhören, zu foltern, zu verurteilen und zu bestrafen sei. Ein Leitfaden für staatlichen Mord. Ab dem Jahr 1532 galt überdies eine neuerliche Richtlinie: die »Peinliche Halsgerichtsordnung« Kaiser Karls V., die *Constitutio Criminalis Carolina*.

HEXENVERFOLGUNG IN KÖLN

Die frühesten Informationen darüber, dass in der Freien Reichsstadt Köln Zauberinnen und Hexen am Werke sein könnten, finden sich bereits Mitte des 15. Jahrhunderts. Das früheste überlieferte Geständnis, das vor einem Gericht abgelegt wurde, ist genau datiert.

Am 8. Juli 1507 sagte die Magd Trinchen von Breisig aus, der Teufel sei zu ihr ins Haus auf dem Holzmarkt gekommen: »Ich habe vor ihm Gott, der Mutter Maria und allen Heiligen abgeschworen. Darauf hat der Teufel mir in die Stirn geritzt und mit mir Unzucht getrieben. Ich war auch einmal in der Ville zum Hexentanz. Da haben wir [...] schließlich ein Gewitter erzeugt.« Das Urteil gegen Trinchen war milde: Ausweisung aus der Stadt.

Kölns Obrigkeit übte sich, anders als in vielen Gegenden des Reichs, noch in ziemlicher Zurückhaltung. Dies änderte sich erst, als 1612 ein Fanatiker neuer Erzbischof und Kurfürst wurde: Ferdinand von Bayern, nach Ernst von Bayern der zweite Wittelsbacher auf diesem wichtigen Posten. Ferdinand hatte schon zuvor als Koadjutor, also als alleiniger Anwärter auf die Nachfolge, eine Hexenprozessordnung erlassen und später dann »Hexenkommissare« berufen. Männer, die im Kurfürstentum auf seinen Befehl hin von Gericht zu Gericht zogen und anstelle der Richter und Schöffen die Prozesse durchführten. Der Wittelsbacher betrachtete die Verfolgung und Ausrottung der Hexen als eine Aufgabe, die er »zu Gottes und seiner heiligen Ehre« erledigen müsse. Sie war für ihn genauso wichtig wie der Kampf gegen Protestanten, die er als Häretiker betrachtete.

»GEMEIN GESCHREY«

Februar 1626. Katharina Henots Vater Jakob war einige Monate zuvor gestorben, mit 94 Jahren. Er hatte von 1579 bis 1603 als kaiserlicher Postmeister gearbeitet – und war dann, auf Betreiben der Taxis, der kaiserlichen Postmonopolisten, gestürzt worden, weil er offenbar zu ehrgeizig war. Zwei Jahrzehnte lang kämpften er und seine Familie um den hoch lukrativen Job. 1623 entschied Kaiser Ferdinand II., Jakob Henot das Amt zurückzugeben. Nutznießer waren auch seine Erben.

Weil der Vater zu alt war, führten fortan Hartger Henot und seine Schwester Katharina die Geschäfte. Sie ist eine selbstbewusste Frau, die lesen und schreiben kann, die ihre Rechte kennt, die, sozusagen, emanzipiert ist. Auf die vielleicht viele neidisch sind.

Nach dem Tod des Vaters machen die Henots jedoch einen bösen Fehler – sie verheimlichen ihn nämlich, fälschen sogar die Unterschrift des Vaters. Doch ihr Plan, auf diese Weise zu verhindern, dass die Taxis erneut die Kölner Postmeisterei erobern, geht schief. Und der Versuch, vor dem Reichskammergericht ihr Recht aufs Erbe einzuklagen, endet mit einer Niederlage.

Im Sommer 1626 kommt in Köln das Gerücht auf, Katharina Henot sei eine Hexe. Im Kloster St. Clara gab die Laienschwester Magdalena Raußrath während eines Exorzismus an, Henot habe sie verhext und sei für ihre Besessenheit verantwortlich. Weitere Denunziationen folgen. Die Postmeisterin kann diesen Vorwurf nicht auf sich sitzen lassen, sie weiß, dass er brandgefährlich ist. Am 29. August 1626 richtet sie eine Verteidigungsschrift an die kurfürstlichen Kommissare und den Generalvikar Johannes Gelenius, der ein guter Freund ihres Bruders Hartger ist. Darin weist sie die Anschuldigungen zurück und droht allen, die ihr weiterhin Hexerei und Zauberei nachsagen, mit einer Klage. Doch das »gemein geschrey« in der Stadt nimmt kein Ende.

Ende Oktober wendet sich Katharina Henot an den Kurfürsten und Erzbischof Ferdinand und bittet ihn, den Ursprung der Gerüchte ermitteln zu lassen. Vergeblich. Daraufhin lässt sie durch ihren Anwalt einen sogenannten Purgationsprozess einleiten, der ihre Unschuld beweisen soll. Dieser Prozess wird jedoch nie stattfinden.

Stattdessen geht Anfang Januar 1627 beim Rat eine Hexereiklage gegen Henot ein. Bürgermeister Johann Hardenrath berichtet dem Rat am 8. Januar, es lägen »sichere Clagten von schwehr Importants« vor. Vorwürfe erhebt außer Magdalena Raußrath auch die »Langenbergerin«, eine in Lechenich bei Köln inhaftierte Frau, die ebenfalls als Hexe gilt. Selbst das »gemein geschrey« gilt dem Rat als Indiz. Die Ratsherren sind sich einig: Katharina Henot muss verhaftet werden.

Doch es gibt ein Problem. Seit dem Tod des Vaters lebt sie bei ihrem Bruder im Stift St. Andreas, und Festnahmen in kirchlichen Gebäuden sind illegal, weil diese Immunität genießen. Man behilft sich mit einem Trick: Ein Geistlicher soll Katharina Henot unter einem Vorwand aus dem Haus locken und sie dann den städtischen Ermittlern übergeben. Da dies nicht klappt, wird schließlich ein Trupp Soldaten angefordert. Mit Gewalt zerren sie die vermeintliche Hexe ins Freie – ein glatter Rechtsbruch. Henot wird zum Frankenturm gebracht. Ihr Bruder Hartger erklärt sich sofort bereit, eine Kaution zu zahlen. Abgelehnt.

Alle Versuche auch einflussreicher Verwandter und Freunde, sie aus dem Gefängnis zu holen, scheitern. Ab Anfang Februar wird Katharina Henot verhört. Trotz fünffacher Folter – höchstens drei solcher Torturen sind laut Gesetz erlaubt – besteht sie auf ihrer Unschuld.

In einem Brief an ihren Bruder schreibt Katharina am 16. März 1627, ihr werde vorgeworfen, drei Männer und ein Kind »todt gezaubert« zu haben. Auch habe sie angeblich der schwangeren Frau eines Schulmeisters Wein zu trinken gegeben, woraufhin diese Wehen bekommen und ein totes Kind zur Welt gebracht habe. Und sie werde beschuldigt, in die Propstei St. Severin Raupen gezaubert zu haben, die den Garten verdorben hätten. All dies seien grobe Lügen. Dreimal sei sie vor den Vernehmungsbeamten auf die Knie gefallen und habe darum gebeten, sich dagegen verteidigen zu dürfen. Dann schreibt sie:»Schick mir den Doctor her. Ich bin sehr kranck.« Der Schluss des Briefes lautet:»Halt ahn, das wir uns moge verdedigen, damit ich nit undschuldig umb kom. [...] Hiemit Got befollen.«

ZUG NACH MELATEN

Obwohl ihr Bruder Klage beim Reichskammergericht einlegt, verurteilt das Hohe Weltliche Gericht Katharina Henot zum Tode und drängt auf schnelle Vollstreckung. Am 19. Mai zieht der Konvoi, gefolgt von einer riesigen Menschenmenge, vom Domplatz durch die Hohe Straße und biegt dann in die Breite Straße ab. Am dortigen Hospital hält er kurz an. An dieser Stelle ist es üblich, dass ein Geistlicher ein paar Worte des Trostes spricht. Diese Gelegenheit nutzt Katharinas Anwalt Laurentius Mey, ihr neben einem Brief aus der Zelle eine Urkunde vorzulegen, die dessen Inhalt bestätigen soll. Mey fragt:»Hast du diese Zeilen geschrieben?« – »Jawohl, ich habe sie am vergangenen Sonntag mit der linken

Hand geschrieben.« Als die beide Jesuitenmönche, die mit auf dem Karren sitzen, dies hören, rufen sie der Menge zu: »Seht ihr, sie ist doch eine Hexe. Nur Hexen können mit links schreiben.«

Da steht die Todgeweihte auf, reißt den Verband von der rechten Hand, hält den Arm hoch und sagt, sie habe mit links geschrieben, »weiln die rechte wegen so starken torquirens gantzlich verlambdet« (weil die rechte Hand wegen der starken Folter völlig gelähmt war). Die Menschen beginnen zu murren und beschimpfen die beiden Jesuiten. Die aber stimmen einen Psalm an – und befehlen weiterzufahren.

Am Leprosenhaus Melaten angekommen, reicht man ihr einen Schluck Wasser und ein Stück Brot. Der Scheiterhaufen auf dem Rabenstein, der Hinrichtungsstätte nur 200 Meter entfernt, lodert schon. Es herrscht Stille, die nur von kurzen Befehlen des Scharfrichters unterbrochen wird. Katharina Henot ist ruhig, als er ihr eine Schlinge um den Hals legt und langsam zuzieht. Der Todeskampf dauert nur wenige Sekunden. Anschließend wird ihr Leichnam auf dem Scheiterhaufen verbrannt.

Für den Rat und das Gericht ist die Akte damit geschlossen – ganz offiziell erst durch ein Essen im Haus des Greven, an dem alle Amtspersonen teilnehmen. Das ist Vorschrift, Kölner Vorschrift.

SPÄTE WÜRDIGUNG

Hartger Henot legte nach der Hinrichtung aus Protest alle seine Ämter nieder. Später musste er sich gegen den Verdacht wehren, ebenfalls mit dem Teufel im Bunde zu stehen. Sein Vorhaben, die Prozessakten in Gänze drucken zu lassen, um so alle Welt von der Unschuld seiner Schwester zu überzeugen, scheiterte – vermutlich am Votum des Kurfürsten Ferdinand.

Köln war trotz seiner Größe nie ein wirkliches Zentrum der Hexenverfolgung. Zwischen 1500 und 1655 wurden 73 Prozesse geführt, 24 vermeintliche Hexen hingerichtet, elf zu Haftstrafen verurteilt, sieben der Stadt verwiesen, neun mit Rutenschlägen bestraft oder lediglich verwarnt. In 22 Fällen gab es sogar einen

Friedrich Spee von Langenfeld und Katharina Henot als Figuren am Kölner Ratsturm

Freispruch. Zum Vergleich: Allein im kurkölnischen Herzogtum Westfalen mussten zwischen 1628 und 1631 mehr als tausend Menschen sterben. Und in Bonn, dem Sitz des Kurfürsten, wurden einmal nur innerhalb eines Jahres 50 Todesurteile ausgesprochen.

Gegen den Wahn der Zeit gab es mutige Kämpfer. Einer von ihnen war der Jesuit und Dichter Friedrich Spee von Langenfeld, vermutlich hatte er den Prozess gegen Katharina Henot vor Ort verfolgt. In seiner Schrift *Cautio Criminalis,* die im Jahr 1631 zuerst anonym erschien, kritisierte er vor allem die Folterpraxis. Solcherlei Torturen, schrieb er, könnten kaum der Wahrheitsfindung dienen – die Opfer könnten nämlich, trotz erzwungenen Geständnisses, durchaus unschuldig sein.

Friedrich Spee von Langenfeld ist eine der 124 Figuren am Kölner Ratsturm. Direkt neben ihm: Katharina Henot. Die Skulpturen hat die Bildhauerin Marianne Lüdicke geschaffen. Sie ist eine Nachfahrin der Postmeisterin.

we
sei
in
Hau

na
am 17. Sept. 1797 von c
groſſer Feyerlichke
Buden geworfen und

NielasGülich
enthauptet
zu
Mülheim
am 23 Febr.
1686

e Saüle
, nachdem
aus geschleift,
Mitte des leere
atzes ausgeführt
errichtet worden

o aber
Kölnischen Freiheits-Freunden mit
in Zulauf einer grossen Volksmenge zu
richtet worden ist. S.T.G.M.

GESCHEITERTER AUFSTAND

TODESSTRAFE FÜR DEN REBELLEN NIKOLAUS GÜLICH

FEBRUAR 1686

Bürgermeister Maximilian von Krebs war ein knauseriger, geldgieriger Mann. Als seine Privatkutsche etwas altersschwach wurde, forderte er den städtischen Stellmacher in knappen Worten auf: »Überholen, feines Blattgold auflegen!« Der Handwerker gehorchte den Anweisungen des Bürgermeisters. Er verschönerte dessen Haus mit einem steinernen Portal und baute im Hof eine Remise. Krebs zahlte keinen Pfennig. Sämtliche Materialien stammten aus städtischem Besitz.

Der Bürgermeisterkollege Jacob von Wolfskehl war aus dem gleichen Holz geschnitzt. Als der Verwalter des Ratskellers um die Verlängerung seiner Lizenz bat, hielt Wolfskehl die Hand auf: »Entweder 500 Reichstaler – oder du kannst gehen.« Der Verwalter zahlte das Schmiergeld und auch den Fuder Wein, den der Bürgermeister zusätzlich verlangte. Für dessen Gattin musste überdies noch ein »liebnuss« abfallen, ein Geschenk. Kostenpunkt: knapp 30 Reichstaler. Die Frau des Verwalters war Zeugin des Gesprächs und erinnerte sich später so: Es sei »ein austruckliches fordern und abpressen« gewesen. Auch Wolfskehl ließ sich sein Privathaus renovieren. Neue Treppe, neues Tor, neuer Brunnen – alles, was die Handwerker brauchten, kam vom Bauhof der Stadt.

Köln Ende der 1670er-Jahre: Bestechlichkeit, Nötigung und Erpressung sind an der Tagesordnung, die Mandatsträger schustern sich gegenseitig Geschäfte zu, betreiben Vettern- und Günstlingswirtschaft in vollendeter Form. Selbst ein Sackträger muss ein Schmiergeld von etlichen Reichstalern bezahlen, um seine Konzession zu behalten. Die Freie Reichsstadt Köln scheint nur noch äußerlich frei, verfassungsrechtlich nämlich. Die innere Freiheit, das, was man die kölnische Demokratie nennen könnte, hat sich im Lauf der Zeit fast verschlissen, wieder einmal. Ein kleiner Kreis von Patrizierfamilien herrscht. Wahlen werden ganz offensichtlich manipuliert, auch Protokolle von Ratssitzungen.

Und die Bürger stehen der verschworenen, machtgierigen Clique hilflos gegenüber. Doch kommt immer wieder mal Kritik auf – wie etwa in einer anonymen Schrift, die 1675 drohend an das Schicksal früherer korrupter Bürgermeister erinnert, die hingerichtet worden waren. Ein einflussreicher Mann hat gar den Mut zu sagen, wer für die Vergabe offizieller Aufträge Geld kassiere, der sei es »nit werth, daß ihn die Erd tragen thäte«.

VOM HÄNDLER ZUM REBELLEN

Im Sträßchen Obenmarspforten, nur ein paar Meter vom Rathaus entfernt, dieser Zentrale der Dekadenz, wohnte und arbeitete der Bandwaren- und Weinhändler Nikolaus Gülich, ein gescheiter Mann aus einer wohlhabenden Familie. Sein Vater Andreas gehörte zu den gefragten Hutmachern der Stadt, seine Mutter Maria war eine geborene de Reux, deren Cousin Johann Arnold später als Generalvikar der Erzbischöfe Joseph Clemens von Bayern und Clemens August I. amtieren sollte.

Nikolaus Gülich, geboren 1644 im Haus »Zur Münze« in der Nähe des Heumarkts als ältestes von sechs Kinder, kannte sich aus in den rheinischen Kaufmanns- und Händlerkreisen, häufig besuchte er auch Messen in anderen Städten. Im März 1679 hielt er sich in Osnabrück auf – und wurde dort gemeinsam mit anderen Kaufleuten eingesperrt. Hintergrund war eine typische

Konfliktlage jener Zeit, nämlich ein Geldgeschäft zwischen dem Welfenherzog Ernst August von Osnabrück und dem Kaiser, für das am Ende die Freie Reichsstadt Köln als Schuldnerin hätte geradestehen müssen. Da dies nicht geschah, nahm das osnabrückische Militär einfach Kölner Bürger gefangen und ließ sie erst wieder frei, nachdem sie aus privater Tasche ordentlich gezahlt hatten. Für ihre Stadt.

Nach seiner Rückkehr protestierte Gülich, der Mitglied der Gaffel Himmelreich war, beim Rat energisch gegen die Geldschneiderei und die willkürliche Missachtung seiner verbrieften Bürgerrechte – fand dort aber kein Gehör. Im Gegenteil: Man verwarnte ihn wegen seiner »unebenen« Worte. Dies alles habe ihn schließlich »in die offene Auflehnung« getrieben, stellte der Historiker Hans-Wolfgang Bergerhausen fest. In den Kampf gegen Korruption und Klüngel.

Mit seinen wortgewaltigen Attacken gewann Gülich schnell Anhänger, Sympathisanten, neue Freunde. Immer wieder erinnerte er an die im Verbundbrief und im Transfixbrief festgelegten Kölner Bürgerrechte. Der Rat, der Gülichs massive Vorwürfe zunächst noch als »grausahme schelten und schmähen« bezeichnet hatte, sah sich im September 1680 schließlich gezwungen, eine Untersuchungskommission einzusetzen, in der auch etliche Gaffelvertreter saßen.

Zeugen wurden gehört, Stellmacher und Zimmerleute, auch die Frau des Ratskellerchefs. Doch Männer wie Bürgermeister Maximilian von Krebs gaben sich arrogant. Auf die Frage eines Kommissionsmitglieds, wie es denn zur Verschönerung seines Hauses und seiner Kutsche gekommen sei, antwortete er kühl, dies sei doch alles »zu ehren magistratus« gewesen.

Am Ende wurden drei Bürgermeister, die in den Jahren 1678 bis 1680 amtiert hatten, wegen Unterschlagung öffentlicher Gelder zu empfindlichen Geldstrafen verurteilt, ihre Güter konfisziert. Krebs musste 8.000 Gulden zahlen. Wolfskehl floh aus der Stadt, sein Besitz wurde beschlagnahmt.

»DER HOCHMUTH LIEGET JETZO STILL«

Nach diesem Erfolg versammelte sich eine Art Volkspartei um Gülich, die von Tag zu Tag mächtiger wurde. Auch, weil sich Teile der geistigen Elite Kölns hinter sie stellte. Der Künstler Jakob von Wett entwarf ein Gedenkblatt, auf dem der Götterbote Merkur flammenumhüllt die besiegten Geister der Zwietracht vor sich her treibt.Ein Mann im Fürstenmantel, mit einer Krone auf dem Kopf und langen Eselsohren – nämlich König Midas, der Goldgierige – ist über aufgehäufte Schätze gestolpert, an ihm vorbei springt ein Wolf, Symbol für die Habgier der Vornehmen. Darüber fliegen ein scheußlicher Drachen und eine Eule davon, der lichtscheue Vogel. Darunter markige Zeilen gegen den Klüngel: »Der Hochmuth lieget jetzo still, / Es heißt nicht mehr: Dieses ich will, / Sondern man jetzo spricht: Ein jeder Bürger groß und klein / In Freyheit soll gestellet sein.«

Trotz der Strafen gegen die Bürgermeister fand das innenpolitisch schwach gewordene Köln keine wirkliche Ruhe, zumal nun auch die Zahl der Gülich-Gegner beständig zunahm. Viele wollten nicht so recht glauben, dass er nur angetreten war, um Erpressung, Feilscherei und Korruption zu bekämpfen. Die *Kölner Chronik*, von unbekannten Autoren fortlaufend niedergeschrieben, notiert, Gülich habe aus Rache und Ehrgeiz eine Verschwörung angezettelt, »umb die bürger wieder ihre rechtmäßige Obrigkeit zu verhetzen«. Und er habe, fährt die Chronik fort, das »Volk so weith schändlich verleitet«, dass es sich zu Verbitterung und Hass gegen »dessen Obrigkeit [...] bewegen und verleiten liess«.

Obrigkeit: Das waren der Rat und die Bürgermeister. Und, im weiteren Sinne, der Kaiser. Also der Schutz- und Schirmherr der Freien Reichsstadt Köln.

GÜLICHS REGIME

Im August 1682 gelingt es dem Rat, Gülich festzunehmen. Auf Druck der Gaffeln muss er aber wieder auf freien Fuß gesetzt

TYPUS REFORMATIONIS
COLONIENSIS.

Ehren und ewiger Gedächtnuß der jeniger dapf-
er Herren und Männer aller Welt vorgestelt / welche ihre getreive Hände / ahn das
Gottseelige Reformations-Werck in deß Heiligen Reichs, Freyer Statt Cöllen
Anno 1680. hertzhafft geschlagen haben.

adite nunc Cives, quoniam Stiliconis ad instar
inc est, qui sceleru matrem, quæ semper habendo
is sitiens, patulis rimatur faucibus aurum
raritiam, cujus fœdissima nutrix
, quæ vestibulis foribusque Potentum
, & pretiis commercia poscit honorum.

GOTT Lob! die grosse Dienstbarkeit
So für die Burgerschafft bereit
Ist gantz verstoret sich;
Der Hochmuth lieget itzo still/
Es heist nicht mehr: Dieses ich will;
Sondern man itzo spricht:
Ein jeder Burger groß und klein/
In Freyheit soll gestellet sein/
Betrübet werden nicht.

Sic cave; namque licet, licuit, semperque licebit,
Dicere de vitiis, personis parcere; tantum,
Quantum jura queunt, salvâ permittere causæ
Justitiâ, varias quæ postulat edere formas
Quéis prosit patriæ, pro nunc & in omnia sæcla,
Amen.

Statue von Nikolaus Gülich (Mitte) am Kölner Ratsturm

werden. Das stärkt zwangsläufig seine Position. Im Hochgefühl des kommenden Sieges verspricht er Reformen über Reformen: Steuererleichterungen, Ankurbelung der wirtschaftlichen Konjunktur, überhaupt mehr Wohlstand für alle Bürger. Der Rat reagiert mit einer Warnung: »Niemand soll sich mit dem Rebellen Gülich einlassen.«

Doch dieser wagt, nach fast einem Jahr des Zuwartens, dann den »entscheidenden Schritt«, so der Historiker Carl Dietmar. Unterstützt von den Gaffeln besetzen Gülich und seine Mitstreiter das Rathaus – unbehelligt von Hunderten Stadtsoldaten, die eigentlich zu dessen Schutz und Verteidigung aufmarschiert waren, jedoch seit Monaten keinen Sold mehr erhalten hatten.

Am 24. Juni 1683 löst Gülich den Rat auf, vier Tage später wird ein neuer gewählt. Der selbsternannte Machthaber übernimmt das Amt des Syndikus, obschon er keinerlei Ahnung hat von der Juristerei. Seine politischen Gegner lässt er mit 83 Haftbefehlen jagen – der Notar Gereon Hesselmann, einst Gülichs Mitstreiter, wird wegen angeblichen Hochverrats hingerichtet. »Ein Justizmord«, schreibt der Historiker Bergerhausen.

Der Bogen, den Gülich gespannt hatte, bricht. Seine unmenschliche Strenge, mit der er durchzugreifen versucht, treibt selbst viele seiner Freunde ins Lager der Feinde. Kaiser Leopold I. schickt im Dezember 1683 eine Delegation nach Köln, die Gülichs Treiben untersuchen soll. Doch der sieht keinen Grund, sich ihr zu stellen – weil er wohl nicht daran glaubt, dass er und seine wichtigsten Mitstreiter Abraham Sax und Anton Meshov in wirklicher Gefahr sind. Ein schwerer Irrtum.

Leopold lässt sich lange Zeit. Dann, am 8. August 1685, präsentiert ein Notar die kaiserliche Achterklärung. Sie richtet sich nicht nur gegen Gülich und seine Unterstützer, sondern auch gegen die Reichsstadt selbst. Nur wer sich innerhalb von acht Tagen unterwirft, der kann sich allen Folgen einer Acht entziehen. Am 10. August votieren Gaffeln und Rat mehrheitlich für die Unterwerfung. Über Gülich, der sich weigert, schrieb der Kaiser: »Ein eigennütziger Friedensstörer, Rädelsführer und Aufwiegler.«

ZWEIMAL TODESSTRAFE

Ein halbes Jahr später, im Februar 1686, werden Gülich und Sax öffentlich hingerichtet, Meshov wird an den Pranger gestellt und unter Rutenhieben aus der Stadt vertrieben. Gülichs Kopf stellt man am Bayenturm auf einer eisernen Stange zur Schau. Er ist dort noch lange zu sehen.

Am 13. Oktober 1686 reißen Arbeiter auf kaiserlichen Befehl das Haus des Rebellen an Obenmarspforten nieder. Auf dem Grundstück wurde, wie im Urteil festgelegt, »ein Seul gerichtet«, auf der »zu ewiger Infamie desselben Unthaten und Verbrechen beschrieben werden sollen«. Eine lateinische und eine deutsche Inschrift mahnte: »Also müssen diejenigen zu schanden werden, welche mit verachtung ihro römischen kaiserlichen maiestaet allergnädigster befehle dieses stadt Cöllnische republic durch aufrührerische händel zu zerstören trachten.«

Die Schandsäule krönte ein Bronzekopf, der von einem Schwert durchbohrt wurde. Sie wurde erst 1797 geschleift, knapp drei Jahre nachdem Napoleons Truppen die Domstadt eingenommen hatten. Sie sahen in Gülich wohl »einen Vorläufer ihrer Revolution«, schrieb der Journalist und Köln-Kenner Helmut Signon.

Sampt E. Erß. Hochweyßen

Sambson

uths gewohnlichen Rathsſitz

Prophet Daniel

GEGEN DEN RAT UND DIE KONKURRENZ

EINE APOTHEKERIN KÄMPFT FÜR IHR RECHT

13. FEBRUAR 1730

Seltsame Kunden marschieren am Morgen des 6. Februar 1730 in die Pestapotheke an der Neugasse. Es sind, der Reihe nach, Kölns oberster Ordnungshüter und Anführer des kleinen Trupps, zwei Gefängnisaufseher höheren Dienstgrades, drei Apotheker sowie ein paar junge, aber kräftige Burschen.

Inhaberin des Ladens ist Margarethe Schmitz, die Witwe des Apo-
thekers Godefried Hermann. Sie hat das Geschäft übernommen
und einen Verwalter eingesetzt, als ihr Mann starb. Apotheker
zu sein, erforderte in Köln und anderswo nicht unbedingt eine
pharmazeutische Ausbildung. Laut einem Ratsbeschluss aus der
Mitte des 16. Jahrhunderts galten diese Kriterien: »Er sei anstän-
dig, bescheiden, fromm, durchaus gewissenhaft, von gutem Le-
benswandel, nüchtern, keusch, zur Arbeit unverdrossen, wohl-
wollend gegen Arme, in der lateinischen Sprache, wenn nicht
aus dem Grunde, so doch wenigstens so weit erfahren, dass er
die Schriften der älteren und neueren Ärzte und die Verordnung
der Ärzte verstehe.«

Danach folgen noch etliche Sätze und Forderungen – unter
anderem diese: »Sein Haus sei gesund, frei für Wind und Luft, mit
guter Ventilation, von Fenstern hell, in guter Lage, frei von Staub,
so dass nicht die Medikamente der Käufer Widerwillen erringen.«

»DIE PESTAPOTHEKE MUSS WEG«

Die Apotheke der Witwe Hermanns entsprach diesen Vorgaben,
ohne Zweifel. Auch ihr Verwalter, ein kluger Mann, passte in das
Konzept. Einen geprüften Verwalter zu beschäftigen war im Übri-
gen Pflicht einer Witwe. Zudem sollten, dies war politischer Wille
in Köln, nicht mehr als zwölf Apotheken zeitgleich existieren.
Aber im Jahr 1730 gab es 16, und alle Apotheker waren bemüht,
den Kreis so klein wie möglich zu halten – Konkurrenz belebte
zwar das Geschäft, zu viel davon schadete jedoch dem Geldbeutel.

Also hatten mehrere Apotheker am 9. Januar 1730 beim Rat
den Antrag gestellt, die Pestapotheke zu schließen – zu »mortifizieren«, wie dies damals hieß. Ihre Begründung lautete: Der Be-
sitzer habe keine Erben hinterlassen – die Pestapotheke müsse
weg. Der Rat akzeptierte den Antrag, allerdings mit der Auflage,
dass die anderen Geschäftskollegen die noch in der Pestapotheke
vorhandenen Medikamente und sonstigen Artikel binnen 14 Tagen
aufkaufen müssten.

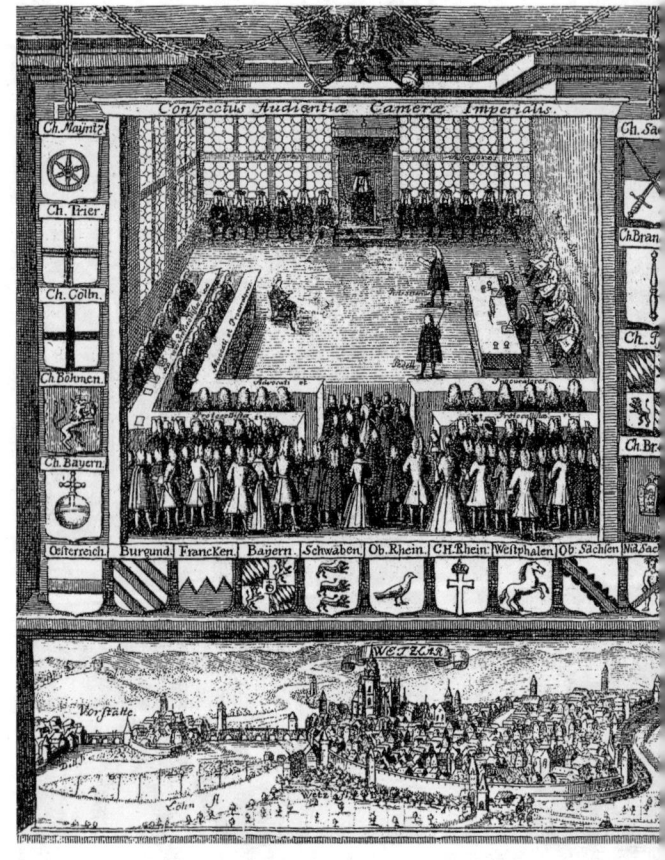

Doch die Witwe wehrte sich: »Ich habe zwölf Jahre hier gelebt«, erklärte sie im Rathaus. »Nach dem Tode meines Mannes habe ich einen sehr verständigen Verwalter hier eingesetzt. Genau so entspricht es den Vorschriften.« Der Rat beriet nur kurz: »Sie dürfen das Geschäft noch ein Jahr betreiben, aber keine neue Medizin mehr einkaufen oder herstellen.« Außerdem solle sie eine Inventur machen und die vorhandenen Stücke fein säuberlich notieren. »Nein, das geht nicht«, konterte Frau Schmitz. »Es ist unmöglich, eine Apotheke ein Jahr lang instand zu halten, wenn ich keine neuen Arzneien kaufen kann. Ich möchte das Geschäft für immer haben.« Doch der Rat lehnte ab und gab der Forderung nach Schließung der Pestapotheke statt.

»ICH WERDE FÜR DIE APOTHEKE KÄMPFEN«

Als die Männer am 6. Februar in die Pestapotheke eindringen, ist nur ein Gehilfe im Laden. Ohne groß zu fragen, beginnen sie sofort mit der Inventur und Taxierung der vorhandenen Artikel. Doch ist die Apothekerwitwe just an diesem Tag mit ihrem Rechtsanwalt Johann Melchior Deuren zu einer Besprechung verabredet. Als Deuren aus einem hinteren Zimmer des Geschäfts nach vorne kommt und zaghaft Protest anmeldet, herrscht der Truppführer ihn an: »Noch ein Wort, und Sie werden gefangen genommen.« Um seine Drohung zu untermauern, schlägt er Deuren brutal auf die Brust.

Die Witwe regt sich so heftig über dieses rüpelhafte Benehmen auf, dass sie einen Herzanfall erleidet. Erst kurz vor Mittag verschwinden die Eindringlinge. Mittlerweile hat sich in der Neugasse eine Menschenmenge gebildet, die die Vorgänge neugierig verfolgt. Als Frau Schmitz sich wieder erholt hat, sagt sie zu Deuren: »Ich werde für die Apotheke kämpfen, bis ich umfalle. Wir gehen bis zum höchsten Gericht.«

Am 13. Februar 1730 reicht der Anwalt beim Reichskammergericht in Wetzlar Klage gegen den Rat und die an dem Vorfall beteiligten Beamten und Apotheker ein. Das Vorgehen sei nicht rechtmäßig gewesen, schreibt er. »Selbst als meine Proteste schon bekannt waren, hat die Polizei dennoch meine bettlägerige Mandantin aufgesucht, um sie hinsichtlich der Fragen zu vernehmen, ob sie nicht aus Köln emigrieren wolle. Das sind Attentate gegen alle Gesetze, wie sie sich selbst der Kaiser nicht erlauben kann.«

Weil die Witwe Hermanns durch den rabiaten Zugriff einen Herzanfall erlitt und sie den Volksauflauf vor ihrer Apotheke als verletzend empfand, verlangt Deuren sogar Schmerzensgeld – 5.000 Reichstaler. Deuren argumentiert ziemlich raffiniert, als er diese Summe ins Gespräch bringt. Er schreibt nämlich: »Die Unrechte sind meiner Mandantin so grausam vorgekommen, dass sie lieber 5.000 Reichstaler verliert oder nicht hat, als das Unrecht auf sich sitzen zu lassen. So wird sie unter Eid aussagen, wenn es nötig ist.«

SPÄTER SIEG

Nur einen Monat später, am 18. März 1730, fällte das kaiserliche Kammergericht ein vorläufiges Urteil: Der Ratsbeschluss, die Apotheke zu mortifizieren, sei sofort aufzuheben, und jedes Vorgehen gegen die Witwe Hermanns sei einzustellen. Der Schaden müsse, bei Vermeidung von Geldstrafen, erstattet werden. Zur weiteren Bearbeitung verlangte das Gericht alle verfügbaren Akten.

Sechs Jahre dauerte die juristische Auseinandersetzung insgesamt. Sie endete mit einem Vergleich, der zugunsten von Frau Schmitz ausfiel: Sie bekam von den Kölner Apothekern eine hohe Entschädigung. Inzwischen hatte sie ihren Verwalter geheiratet und war mit ihm nach Siegburg gezogen, um dort eine neue Apotheke zu eröffnen. Der Kampf gegen die Konkurrenz und die Obrigkeit hatte die streitbare Frau am Ende doch kölnmüde gemacht.

SIBYLLA UND IHRE RETTER

EINE STUDENTENREVOLTE

MAI 1744

Fünf Studenten schlendern am Nachmittag des 25. Mai 1744 durch die Machabäerstraße. Und werden Zeugen einer dramatischen Szene. Sie sehen, wie der städtische Beamte Isselbusch und ein Soldat versuchen, eine junge Frau, die laut um Hilfe ruft, in ein Haus zu zerren.

»Was ist hier los?«, fragt der Student Johannes Petrus Paquay, der aus der Champagne stammt. Eine alte Frau, die ein langes, schwarzes Kleid trägt, antwortet: »Die Sibylla ist Jüdin und ihrem Vater davongelaufen. Der hat viel in der Kasse ...« Und dabei reibt sie ihren Daumen gegen den Zeigefinger.

Sibylla Gumpertz hatte es in ihrem Elternhaus nicht mehr ausgehalten und war von Kleve nach Köln geflüchtet, um hier zum katholischen Glauben zu konvertieren. Sie steht kurz vor der Taufe, gilt aber nach kölnischem Stadtrecht noch als Jüdin. Und als solche darf sie ohne die ausdrückliche und schriftliche Genehmigung des Rates keinen Schritt auf die Straße setzen, »Sie hat keine Genehmigung«, sagt die Alte zu Paquay. »Deshalb wird sie verhaftet.«

Tatsächlich bezog sich Sibyllas angeblicher Verstoß nur auf wenige Meter und ein paar Sekunden: Denn sie wohnt bei den Ursulinen und ist Schülerin bei den Kapuzinern – beide Gebäude liegen in der Machabäerstraße dicht an dicht.

Paquay verständigt sich wortlos mit seinen Kommilitonen. Zwei rennen sofort los, um Verstärkung zu holen. Als der studentische Trupp groß genug ist, dringt er in Isselbuschs Haus ein, schlägt alles kurz und klein und wirft die Möbel auf die Straße. Als einige Schaulustige vor Vergnügen johlen, ist Paquay aber verärgert: »Das ist keine Belustigung, das ist ein revolutionärer Akt!«

Unterdessen hat einer von Isselbuschs Nachbarn Ordnungshüter alarmiert, die am Eigelstein stationiert sind. Sie rücken aus und nehmen drei Studenten fest. Der Versuch, Sibylla Gumpertz zu verhaften, ist hingegen gescheitert. Sie hält sich längst wieder im Ursulinenkloster auf.

»UNSERE STUDENTEN WERDEN IMMER FANATISCHER«

Der Tumult scheint beigelegt – scheint. Während die Ordnungshüter davon überzeugt sind, die Festnahmen der angehenden Akademiker würden für Ruhe sorgen, entwickeln sich die Ereignisse ganz anders. Schon am nächsten Tag, dem 26. Mai, taucht eine halbe Studenten-Kompanie vor einem anderen Haus Isselbuschs am Eigelstein auf, hier wohnt dessen Sohn. Der ist nur mit einer Unterhose bekleidet und kann nicht verhindern, dass auch sein Mobiliar zu Bruch geht. Die Studenten fesseln ihn und schleppen ihn in die Artes-Fakultät, die an der Stolkgasse liegt.

Universitätsrektor Johann Christian Schmitz ist anfangs offenbar nicht sonderlich beunruhigt. Anstatt sich selbst ein Bild von der Lage zu machen, schickt er einen Pedell in die Stolkgasse mit der Order, die Studenten zur Aufgabe zu bewegen. Der Luxemburger Theodor Rossel, neben Paquay einer der Rädelsführer, entgegnet nur: »Der junge Isselbusch bleibt so lange unser Gefangener, bis unsere drei Freunde frei sind. Wer ihn haben will, muss erst uns überwältigen.«

Energischer als Schmitz reagiert die Stadtspitze. Die beiden Bürgermeister Franz Joseph von Herrestorf und Franz Caspar von Wymar und andere Ratsherren sitzen gerade gemütlich im Stift St. Pantaleon beim Mittagessen, als sie über die Geiselnahme

Die Kirche des Ursulinenklosters um 1840

unterrichtet werden. Ein Ratsherr springt auf: »Unsere Studenten werden immer fanatischer.« Und er fügt, recht kritisch, an: »Die Soldaten sind auch von Tag zu Tag frecher ...«

»Lieber Herr Kollege«, kontert ein anderer Ratsherr, »unsere Studenten sind nur gute Katholiken. Sie wollen unter allen Umständen erreichen, dass einer konvertierenden Jüdin kein Unrecht widerfährt«. Und er fügt hinzu, »in diesem Fall« müsse das Stadtrecht »nicht so paragraphengetreu ausgelegt« werden.

Bürgermeister Herrestorf schaltet sich ein: »Gut. Wir wollen alles in Ruhe klären. Aber sobald deswegen unter der Bevölkerung Unruhe entsteht, gibt es nur eins: Gewalt gegen Gewalt.«

DIE STADT GREIFT EIN

Wenig später ordnet der Bürgermeister an, Stadtsoldaten sollten Isselbusch junior aus der Artes-Fakultät befreien. Mit Äxten und Keilen brechen sie das Tor auf. Studenten, die Isselbusch senior als Täter ausmacht, werden festgenommen. Die Soldaten marschieren mit ihnen zum Rathaus zurück, begleitet von Dutzenden Studenten. Als dabei einer durch einen Bajonetthieb verletzt wird, protestieren sie vehement vor dem Haus von Rektor Schmitz: »Der Rat erlaubt sich gesetzeswidrige Übergriffe auf unsere Freiheiten, und unsere Rechte werden ständig mit Füßen getreten.« Und sie kündigen einen Vorlesungsboykott an. Streik also. Wohl der erste in der Kölner Universitätsgeschichte.

Tags drauf, am 27. Mai, beschließt der Rat, auf den Ausstand mit massiven Drohungen zu reagieren. Unter Trommelschlag wird verkündet: »Ab jetzt ist es [...] verboten, in Gruppen aufzutreten. Bei Nichtbeachtung werden ohne vorherige Warnung Handgranaten geworfen.« Diese Granaten sind gefürchtet.

Doch Paquay, Rossel und der Kölner Jacques Laurent lassen sich nicht abschrecken und demonstrieren weiterhin gegen die Obrigkeit. Die Universität versucht vergeblich, die Studenten wieder in die Vorlesungen zu holen. Rektor Schmitz erregt sich: »Ihr habt den jungen Isselbusch misshandelt, fast getötet. Unsere Schulen sind weder nach weltlichem noch nach geistlichem Recht Asylstätten. Wer aus ihnen Gefängnisse macht und sich zum Richter über einen Gefangenen aufschwingt, begeht in einer freien Stadt wie Köln ein kapitales Verbrechen.«

Studenten, die fürchten, als Mitläufer aus der Matrikel gestrichen zu werden, kommen freiwillig zum Unterricht zurück. Doch Streikposten hindern sie daran, an den Vorlesungen und Übungen teilzunehmen. Wer nicht folgt, der wird verprügelt und mitunter ausgeplündert. »Wir haben einen Spaß wie Kappesbauern«, tönte ein Student – und lässt damit durchaus Zweifel an der Ernsthaftigkeit der Aktionen aufkommen.

MARSCH NACH BRÜHL

Eine der denkwürdigen Aktionen der Studenten war ein Demonstrationszug nach Brühl, zum Schloss des Kölner Kurfürsten und Erzbischofs Clemens August I. Zwar akzeptierten sie – wie alle freien Bürger Kölns – den Kurfürsten nicht als Stadtherrn, doch wollten sie ihn um Unterstützung bitten. In Brühl angekommen, übergaben die Rädelsführer einen notariell besiegelten Brief, der Clemens August aufforderte, sich für die Erhaltung der studentischen Rechte einzusetzen. Die Berater des Kurfürsten witterten die Chance, eine mögliche Revolte in Köln zu nutzen, um gegebenenfalls mit Gewalt die Macht an sich zu reißen.

Doch der Kurfürst war wieder einmal sehr depressiv und kaum ansprechbar. In dieser Verfassung musste er immer an das Duell am 5. Mai 1733 denken, bei dem sein bester Freund Johann Baptist von Roll zu Bernau getötet worden war. Nein, nach Gewalt und Waffen stand ihm heute gewiss nicht der Sinn.

Der Marsch nach Brühl war freilich nicht ganz vergebens. Einige Höflinge, denen das selbstbewusste Auftreten der Studenten gegenüber der Stadtspitze durchaus sympathisch schien, steckten den Anführern Geld zu, das diese schnell in Bier und Wein umsetzten. Etwas benebelt stießen sie auf dem Rückweg kurz vor Erreichen der Stadtmauer auf einen General des Kurfürsten, der

Academicus Koloniensis.
Indica Gemmarum sileant nunc æqvora dotes
Præ Sophies Gemmis, qveis beat hic Pelagus

gerade aus Köln kam. Das war ihr Glück, denn er riet ihnen, »nicht im geschlossenen Zug auf die Stadtmauer los zu marschieren«. Am Severinstor seien 80 Soldaten postiert. »Die haben einen Schießbefehl in der Tasche und könnten meinen, ihr würdet sie angreifen.« Die Studenten begriffen den Ernst der Lage – und zerstreuten sich.

»AKADEMISCHER ZUCHTORT«

Am 30. Mai 1744 wurde Sibylla Gumpertz getauft. Doch die Spannungen sollten noch bis in den Oktober hinein andauern. Was ursprünglich als Kavaliersdelikt – im wahrsten Sinn des Wortes – begonnen hatte, war inzwischen zu einer juristischen Grundsatzdiskussion zwischen Stadt und Universität ausgeartet. Dass die Studenten, die den ganzen Sommer über revoltierten, bestraft werden mussten, lag auf der Hand. Die Frage war nur: von wem? Nach geltendem Recht war der Rektor der Gerichtsherr der Studenten. Wer von der städtischen Polizei festgenommen wurde, der musste eigentlich erst an die Universität ausgeliefert werden, hier lief dann ein Verfahren ab. Doch besaß die Universität keinen Karzer. Von ihr verurteilte Studenten wurden deshalb in eines der Stadtgefängnisse gesperrt – die Kosten dafür übernahm die Hochschule.

Bei den aktuellen Unruhen hatte sich die Stadt allerdings nicht an die Regeln gehalten, sondern die Festgenommenen in städtische Zellen gesteckt. Ein Vorgehen, das selbst diejenigen Professoren in Rage versetzte, die auf Zucht und Ordnung bedacht waren. Um weitere städtische Eingriffe in die Immunität der Universität zu verhindern, schlug Rektor Schmitz vor, einen eigenen Karzer zu bauen, der vornehm lateinisch »locus disciplinae academicus« genannt werden solle, vulgo: akademischer Zuchtort. Dieser könne zentral in der Artes-Fakultät an der Stolkgasse eingerichtet werden. Der Dekan der Fakultät war strikt dagegen: »Ein Gefängnis in meiner Schule? Das entwürdigt unser Haus, das nur ein Hort der Wissenschaften ist.« Doch Schmitz setzte sich schließlich durch.

Als die Zellen fertig waren, konnte dann der Prozess durchgezogen werden. Angeklagt waren sieben junge Männer. Drei von ihnen, nämlich Paquay, Rossel und Laurent, waren inzwischen von der Universität verwiesen worden. Am 9. Oktober 1744, fast fünf Monate nach der Attacke auf Isselbuschs Haus, wurden die Urteile gefällt, die sehr milde ausfielen. Der Franzose, der Luxemburger und der Kölner Laurent wurden zu je vierzehn Tagen Karzer bei Wasser und Brot verdonnert, vier weitere Studenten stellte man vor die Alternative, entweder Geldstrafen zu bezahlen oder sechs bis zehn Tage im Karzer zu verbringen.

Doch kaum war der Prozess beendet, forderten bereits mehrere Professoren, die Verurteilten zu begnadigen. Begründung: »Es ist schon Oktober. Die kalte Jahreszeit kommt heran. Karzer ist unter diesen Umständen unmenschlich.« Rektor Schmitz amnestierte die Verurteilten umgehend. Und in der Stolkgasse wurde die Entscheidung von einer großen Menschenmenge mit Beifall begrüßt. Die Polizei war auf einen heißen Abend vorbereitet. Doch nichts geschah: Anstatt Krawall zu machen, gingen die Studenten schnurstracks in die Kneipen – gaudeamus igitur!

Der städtische Beamte Isselbusch musste sich übrigens einer strengen Untersuchung unterziehen. Nachbarn hatten ihm nämlich vorgeworfen, er sei nicht aus rechtlichen Gründen gegen Sibylla Gumpertz vorgegangen, sondern um des Geldes willen: Sie glaubten, ihr reicher Vater habe Isselbusch eine hohe Belohnung versprochen, wenn er das Mädchen nach Kleve zurückbringen würde. Da aber die Beweislage sehr dünn war, wurde das Verfahren rasch eingestellt – und Isselbusch war rehabilitiert.

Was aus der inzwischen katholischen Sibylla wurde, mit der alles angefangen hatte, ist nicht bekannt.

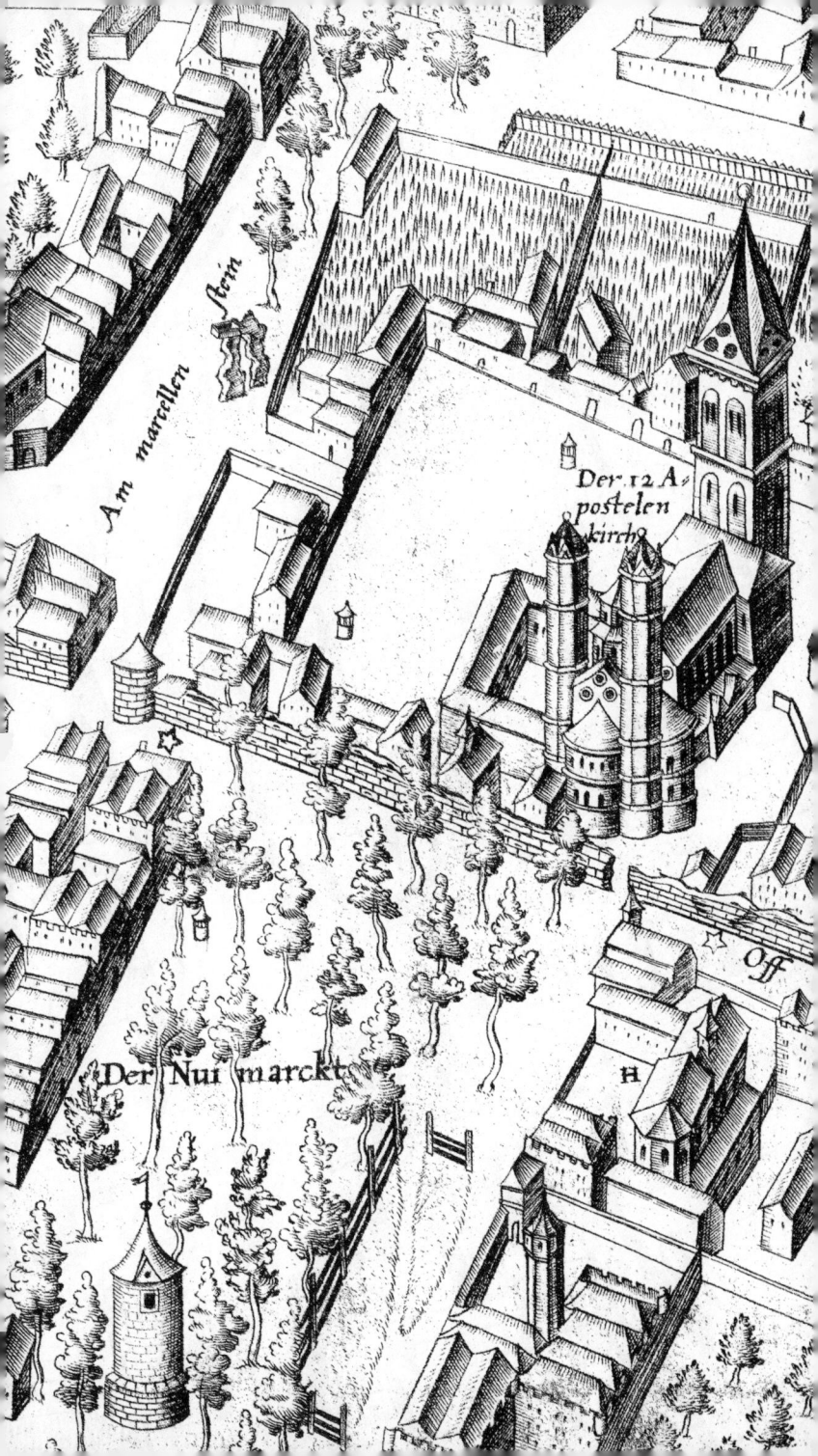

Am marcellen stein

Der 12 A-
postelen
kirch

Off

Der Nui marckt

H

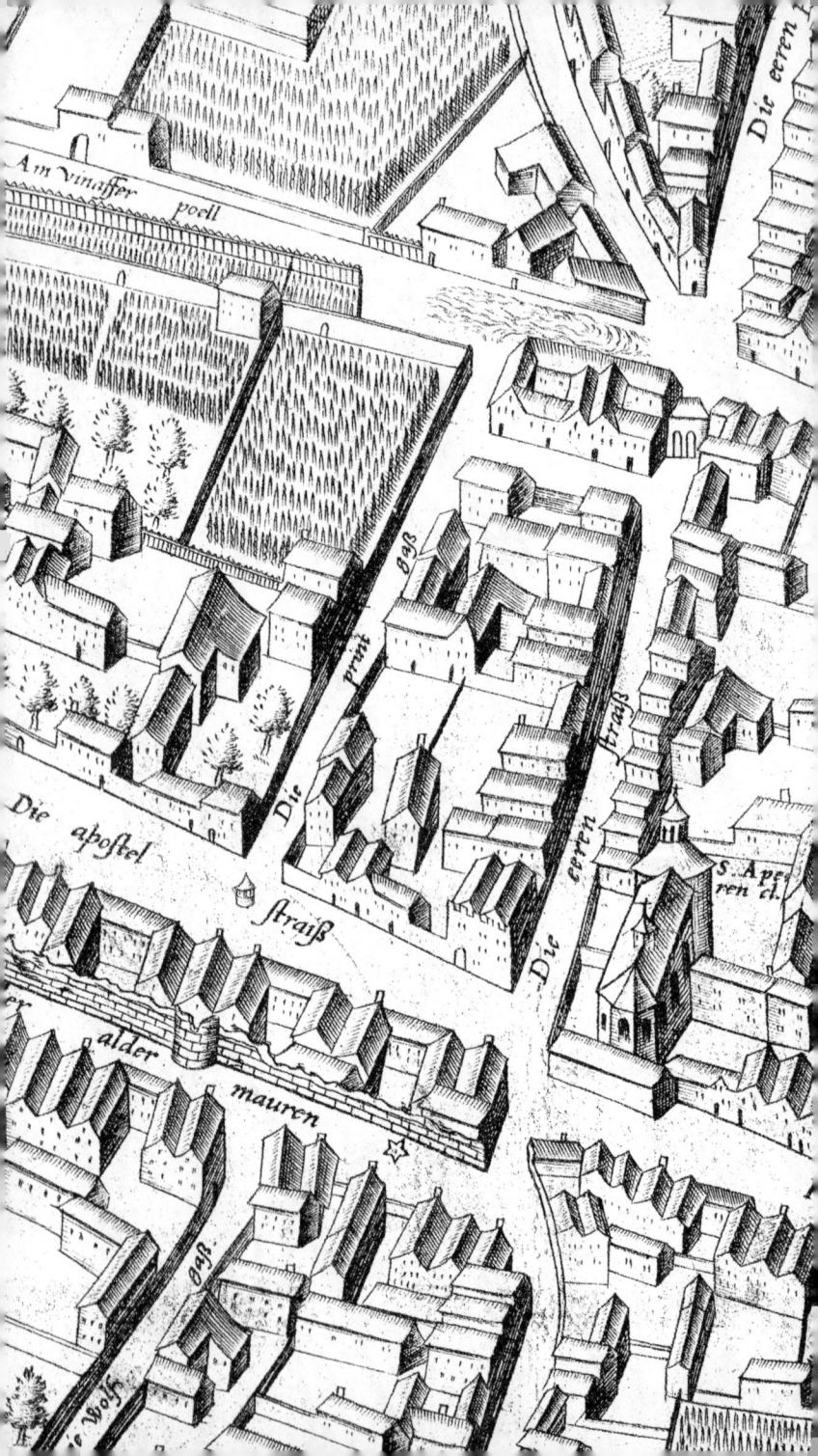

Am Vinaffer poell

Die eeren

Die aposel

Die gaß

Die straiß

straiß

alder mauren

S. Ape ren cl.

Die eern straiß

gaß

Wolf

FOLGENREICHER FEHLER

KÖLNS POLIZEICHEF WIRD EXKOMMUNIZIERT

SEPTEMBER 1770

Johann Arnold Melchior von Gall, geboren 1723, promovierter Jurist und Enkel des Kölner Bürgermeisters Johann Heinrich von Wintzler, stammte aus einer streng katholischen Familie. Er galt als ein biederer Mann ohne jeglichen Hang zu Skandalen. Fünf seiner Schwestern waren Ordensfrauen, eine sogar Äbtissin. Gall war Gewaltrichter, also gewissermaßen Kölns Polizeichef. Ein knappes Jahr erst amtierte er, als ihm sein Job 1770 zum Verhängnis wurde.

Ein Soldat war, weil er offenbar etwas auf dem Kerbholz hatte, desertiert – und sofort verfolgt worden. Als ihm seine Lage aussichtslos schien, hatte er sich entschlossen, in St. Aposteln Zuflucht zu suchen. Gall wusste, dass seine Befugnisse an der Kirchentür enden. Doch als ihn der Kölner Rat damit beauftragte, den Flüchtigen festzunehmen, gab er den Stadtsoldaten Order, in das Kirchengebäude einzudringen und den Mann zu verhaften.

Eine Maßnahme, die harte Konsequenzen für Gall persönlich hatte und zu einem drei Jahre andauernden Streit zwischen der Kirchenhierarchie und dem Stadtrat führte.

»DEN BANN AUSSPRECHEN«

Weil Gall die verbriefte Immunität der Kirche verletzt hatte, sah sich Generalvikar Johann Philipp Jacob von Horn-Goldschmidt am 16. September 1770 genötigt, gegen ihn »förmlich den Bann auszusprechen«. Vier Tage später wurde der schriftliche Beschluss an der Tür von St. Aposteln angeschlagen, um alle Bürger im Sprengel zu informieren. Doch der Exkommunizierte kämpfte mit aller Macht darum, rehabilitiert zu werden. Da er im Auftrag des Stadtrats gehandelt habe, müsse auch dieses Gremium für ihn eintreten.

Und der Rat setzte sich tatsächlich für ihn ein. Köln war Freie Reichsstadt, der Kaiser in Wien quasi ihr Schirmherr – und oberste Instanz. Deshalb baten die Ratsherren ihn, sich für die Aufhebung dieser schweren Kirchenstrafe einzusetzen. Dies tat Joseph II. am 8. März 1771 in einem Schreiben an die kirchliche Obrigkeit. Doch nichts rührte sich im »hilligen Kölle«. Am 15. Oktober desselben Jahres engagierte sich auch der Mainzer Erzbischof als Wortführer des Kurfürstengremiums für Gall – erfolglos.

Kölns Erzbischof Maximilian Friedrich von Königsegg-Rothenfels, an sich ein Anhänger der Aufklärung, billigte weiterhin die restriktive Maßnahme seines Generalvikars. Erst am 31. August 1773 entschied er nach offenbar langen Verhandlungen, Arnold Melchior von Gall wieder in die katholische Kirche aufzunehmen.

»ROTE FUNKEN«

Gall starb im Jahr 1781. Die Stadtsoldaten, die er lange Zeit befehligt hatte, im Volksmund wegen ihrer roten Uniformen »Rote Funken« genannt, wurden wegen ihrer schlechten Disziplin und ihrer Liederlichkeit in der Folge immer mehr zum Gespött der Kölner. Im Jahr 1784 klagte der Rat der Stadt: »Die zur Aufrechterhaltung der öffentlichen Sicherheit angestellte Soldatenwache und ausgeschickte Kommandos werden bald durch strafbare Widersetzlichkeiten und eigentätige Auflehnungen an Erfüllung ihrer Pflichten behindert, bald auch durch ausschweifende

Nachtschwärmer und Ruhestörer gefoppt.« Der Rat befahl deshalb: »Künftig ist jedes ausgeschickte Kommando mit scharf geladenem Gewehr zu versehen. Die militärischen Pflichten müssen mit Ansehen und Nachdruck erfüllt werden. Gegen Frevler ist nötigenfalls mittels wirklichen Losschießens auf dieselben schärfstens zu verfahren.«

Bis weit in die 1960er-Jahre blieb der Fall des Polizeichefs – in gewisser Weise – aktuell. In St. Aposteln wurden, meist im März, Messen für Gall und seine Familie gelesen. Er hatte, wohl aus tiefer Dankbarkeit, dass er 1773 wieder in die Kirche aufgenommen wurde, St. Aposteln viel Geld gestiftet – eine großzügige Geste, die fast zwei Jahrhunderte lang nachwirkte.

LISTIGE BEWEISFÜHRUNG

EIN FRANZÖSISCHER GENERAL BEKÄMPFT FALSCHMELDUNGEN

SOMMER 1796

Seit fast zwei Jahren schon herrschen in Köln die Franzosen. Das gesamte linksrheinische Gebiet, von Basel im Süden bis Holland im Norden, steht im Sommer 1796 unter ihrer Verwaltung, nachdem Napoleons Generäle alle wichtigen Schlachten für sich entscheiden konnten. Rechts des Rheins sieht die Lage aber anders aus. Denn dem österreichischen Erzherzog Karl gelingt es, Vorstöße der Franzosen zurückzuschlagen. Im Juni 1796 siegt er bei Wetzlar, Ende August bei Amberg und am 3. September bei Würzburg.

Für den kurkölnischen Postmeister Peter Joseph Pauli stellt sich die politisch und militärisch ziemlich eindeutige Situation freilich ganz anders dar. Er gibt viermal pro Woche die Zeitung *Welt- und Staatsboth zu Köln* heraus und verschweigt darin die Erfolge der Franzosen. Dafür werden in seiner Gazette detailreich Siege der Koalitionstruppen unter Karls Kommando geschildert – auch erfundene. Denn alles, was die Leute gern hören wollen, ist gut für die Auflage.

Obwohl Pauli wegen seiner Feindseligkeit gegenüber den Franzosen schon zweimal in Haft genommen wurde, bleibt er seiner Linie treu. Und sein Redakteur Colignar, von dem behauptet wird, er beherrsche weder die französische noch die deutsche Sprache, berichtet munter weiter über die Attacken gegen Frankreichs Heer. In fast jeder Ausgabe des *Welt- und Staatsboth* wird gemeldet, mit der Niederlage der Revolutionsarmee sei stündlich zu rechnen – mal nähern sich Hunderttausende Russen dem Kriegsschauplatz, mal blasen die Türken zum Angriff, mal sind die Engländer hier und da gelandet. Natürlich stimmt nichts von alledem.

»DAS IST ER. FESTNEHMEN!«

Die französischen Besatzer in Köln scheinen Paulis und Colignars eigenwillige Interpretation der militärischen Machtverhältnisse zu ignorieren. Nicht so General Jean-Baptiste Kléber, Chef der Sambre- und Maasarmee, der in Koblenz sein Hauptquartier aufgeschlagen hat. Er wohnt bei einer Familie von Bürresheim, und die hat den *Welt- und Staatsboth* abonniert. Als Elsässer beherrscht Kléber, gerade 43 Jahre alt, natürlich die deutsche Sprache. Er traut seinen Augen nicht, als er eines Tages in der Kölner Zeitung liest, die Österreicher hätten zwischen Speyer und Mannheim den Rhein überquert, seien in französisches Gebiet eingedrungen, hätten Landau in der Pfalz besetzt und die französischen Truppen dort in die Flucht geschlagen. Das sind nun, mon dieu, zu viele Falschmeldungen.

Welt- und Staatsboth zu Köln.

Erstes Stück,

Samstag den 2ten Jänner 1796.

Wien, vom 16 Dez.

Der Kurier, der aus London mit der Nachricht von der Eroberung des Vorgebirges der guten Hoffnung hier ankam, hatte auch eine kostbare, mit Brillanten reich besetzte Dose für den Feldmarschall von Clairfait mit; sie hat zur Inschrift: "Dem Sieger Deutschlands." voriger Woche sind wieder einige Personen wegen verdächtigem Briefwechsel gezogen worden. Die aus Italien eingegangenen Berichte lassen zwar die verlorenen Treffen nicht mehr zweifeln; allein sie bezeugen auch, daß unsere bei weitem so schlimm nicht ist, als alles vergrößernde Gerücht sie posaunte. Die Französische Armee der General Scherer ist 60,000 Mann k, die Genuesische Festung Savona von den Franzosen besetzt, und der französische General la Harpe mit 4000 Mann bereits zu Novi, der Gränzstadt zwischen dem Genuesischen Gebiete und Lombardei, eingerückt; so sagen Nachrichten aus Italien. Die offiziellen Berichte aus Acqui melden, daß die Piemontesische Armee sich mit unsern Truppen zwischen Ceva und Mondovi zusammengezogen habe, und überhaupt die Stellungen so vortheilhaft genommen, daß man jedem Angriffe stehen,

und selbst bei Gelegenheit und nach Gutbefinden angreifen könne. Zudem sind auch zahlreiche Verstärkungen, und ausser dem Generale Klebeck auch die Generale Schröder und Kavanagh nach Italien beordert. General de Vins, der sich sehr unpäßlich befindet, ist nach Pavia.

Genua, vom 8 Dez.

Das Hauptquartier der republikanischen Armee ist zu Finale. Es scheint nicht, als ob sie weiter etwas unternehmen werde, besonders da es ihr gänzlich an Hornvieh mangelt.

Warschau, vom 14 Dez.

Es heißt, unser gewesene König werde an alle Mächte Europens eine Erklärung erlassen, worin er zweifelsohn die Abdankung seiner Krone ankündigen wird. Die Berichtigung der wechselseitigen Gränze ist noch das Letzte, was von dem ehemaligen Pohlen noch etwas sprechen läßt; ist dieses Geschäft zu Ende, dann wird es sich bald vergessen, daß einst ein selbständiges Königreich Pohlen in der Reihe der Mächte stand. Unglaublich und zum Theil lächerlich ist es, was man für Märchen von dem Einfalle einiger Horden, ungebildeter roher Völker in Georgien verbreitet. Man giebt ihnen unter andern eine Kavallerie, welche an Zahl

Der listige Kléber befiehlt zwei Meldern, auf schnellstem Wege nach Köln zu reiten und der dortigen Kommandantur einen versiegelten Brief zu überbringen. Das Schreiben enthält die Weisung, Pauli unverzüglich festzunehmen. Am übernächsten Tag machen sich in Köln zwölf Gendarmen in aller Frühe auf, um den Befehl auszuführen. Paulis Adresse lautet neuerdings Haus Nr. 6938 statt Waidmarkt 1, weil die Franzosen alle Gebäude in Köln durchnummeriert haben. Doch der Postmeister und Zeitungsherausgeber ist nicht zu Hause. Seine ebenso hübsche wie sprachgewandte Frau hat angeblich keine Ahnung, wo er stecken könnte: »Er hat mir nicht gesagt, wo er hin ist«, erklärt sie. Das mache er auch nie.

Paulis Diener lassen sich hingegen von den Gendarmen beeindrucken und erzählen bereitwillig, ihr Herr sei, als guter Katholik, zur Messe in St. Severin gegangen. Die Kirche liegt nur ein paar hundert Meter weiter, Richtung Severinstor. Als der bewaffnete Trupp in das Gotteshaus eindringt, flüchten die Kirchgänger erschreckt ins Freie. Nur ein einziger Mann kniet noch vor dem Altar einer Seitenkapelle, in stilles Gebet versunken. Der Chef der Gendarmen vergleicht das Konterfei des Mannes mit der mitgelieferten Personenbeschreibung und sagt: »Das ist er. Festnehmen!«

»EINE ROTTE IRRSINNIGER«

Doch es ist nicht Pauli, sondern der Vikar von St. Severin. Der spricht kein Wort Französisch und kann sich deshalb nur mit Gesten verständlich machen. Sein Schweigen interpretieren die Gendarmen als Schuldbekenntnis, und nur wenige Augenblicke später sitzt der Geistliche in einer Postkutsche, einen Gendarmen zur Rechten, einen zur Linken und einen auf dem Kutschbock. Die Fahrt geht nach Bonn und ohne lange Rast weiter über Koblenz, Boppard und Bingen bis kurz vor Mainz, das von den Franzosen belagert wird.

Am Belagerungsring wird der Vikar aus der Kutsche gezerrt. Inmitten von eindrucksvollen Pyramiden aus Gewehren flattert die Trikolore. Auf Geheiß der Gendarmen muss er die Lauf- und

Schanzengräben an der Front besichtigen. »Hier sollen Österreicher sein?«, herrscht ihn ein Soldat an. Der arme Kerl, den man für den franzosenfeindlichen Pauli hält, weiß nicht, wie ihm geschieht. Er habe geglaubt, »das Spielzeug einer Rotte von Irrsinnigen zu sein«, erklärt er später, nachdem er wieder nach Köln zurückgekehrt ist.

Von Mainz aus geht die Fahrt weiter über Worms und Dürkheim bis nach Landau, das – so hatte es ja der *Welt- und Staatsboth* triumphierend gemeldet – von den österreichischen Truppen besetzt worden sei. Der falsche Pauli muss erneut vor die Trikolore und schwer bewaffnete Soldaten treten, um Frankreichs Präsenz hautnah zu erleben. Dasselbe Schauspiel wiederholt sich in Weißenburg und Hagenau, bevor es nach Straßburg geht, dem Ziel der Reise.

Die Kutsche hält vor dem Hauptportal des Münsters. Entkräftet von der strapaziösen Fahrt steigt der Vikar aus. »Jetzt sind Sie frei«, sagt einer seiner Begleiter in elsässischem Tonfall. »Sie können auf dem Wege, den Sie für den besten halten, nach Köln zurückkehren. Sie haben sich mit eigenen Augen überzeugen können, dass die Österreicher weder Landau noch Weißenburg noch Straßburg eingenommen haben. General Kléber rechnet damit, dass Sie für die Folge keine Geschichten mehr erzählen werden, von deren Wahrheit Sie sich nicht überzeugt haben. Leben Sie wohl!«

Postmeister Pauli erfuhr erst nach der Rückkehr des Vikars, was ihm erspart geblieben war. Er hatte die Messe in St. Severin zwar besucht, war aber bereits beim »Ite, missa est« gegangen. Fortan mäßigten er und sein Redakteur sich, was glorifizierende Berichterstattung anging. General Klébers Lektion hatte also Erfolg.

***

Ein Bericht über diese herrliche Episode erschien unter anderem 1919 in einem Heft des Heimatvereins Alt-Köln, Titel »General Kléber und der Pseudo-Redakteur«. Es war die Übersetzung eines

Artikels, der am 20. November 1908 in der *Gazette de Bruxelles* auf Französisch erschienen war.

Ob sich die Geschichte wirklich so zugetragen hat, ist umstritten. Nach Erkenntnissen des Kölner Heimatforschers Friedel Schwarz gab es 1795 einen Zwischenfall, in den der damalige Redakteur des *Welt- und Staatsboth*, J. Konrad Heinrich Leimbach, verwickelt war. Leimbach war auch Vikar, allerdings nicht von St. Severin, sondern von St. Georg. Schwarz schreibt: »Als am 13. Juli 1795 aus einer Frankfurter Zeitung die Nachricht über einen angeblichen Misserfolg der französischen Armee im Elsass entlehnt wurde, wurde Leimbach verhaftet und durch Gendarmen an Ort und Stelle eskortiert, dort von der Irrtümlichkeit der Nachricht überzeugt und zum Widerruf in seiner Zeitung sowie zur Zahlung der Reisekosten gezwungen.«

VERHÄNGNIS-VOLLES KOMPLOTT

EIN V-MANN DER POLIZEI RICHTET UNHEIL AN

30. JANUAR 1817

Name: Hilgers. Vorname: Rüdger. Geburtsort: wahrscheinlich Sinzig am Rhein. Geburtsdatum: unbekannt. Beruf: angeblich Stoffhändler. Besondere Kennzeichen: angeblich keine. Doch dieser Typ ist schlau, gefährlich, gerissen. Ein Verbrecher. Er gehört zu einer Bande des legendären Räuberhauptmanns Mathias Weber, genannt »der Fetzer«. Im Juni 1800 war Hilgers wegen eines Überfalls der Weber-Bande auf das Haus eines reichen Bankiers in Daaden im Westerwald zu 16 Jahren Haft verurteilt worden. Auch etliche seiner Komplizen standen vor Gericht, der »Fetzer« selbst allerdings nicht. Er wurde erst 1802 gefasst und 1803 in Köln hingerichtet.

Rüdger Hilgers saß jedoch lediglich ein paar Wochen im Gefängnis. Der Grund für die blitzschnelle Freilassung wurde nie öffentlich bekannt. Einen internen Hinweis liefert aber das Bekenntnis des Kölner Polizeiinspektors Joseph Schöning, der Mann habe ihm »manche wichtige Entdeckung gemacht«. Hilgers war wohl der erste V-Mann der Kölner Polizeigeschichte. Vielleicht sogar eine Art Undercoveragent der frühen Jahre, auf jeden Fall auch ein Lockspitzel.

Dass der Räuber im halbseidenen Gewerbe bezahlter Polizei-informanten reüssierte, »als geheimer Spion selbst von der obern Behörde empfohlen«, so ein Bonner Beamter, wurde selbst in Berlin aktenkundig. In einem Vermerk des Revisions- und Kassa-tionshofs heißt es, Hilgers habe »sich's öfter zum Geschäft ge-macht, durch jedes, auch das unerlaubteste Mittel, Verbrecher zur Entdeckung zu bringen«. Dabei ging er ziemlich hinterhältig vor. Das zeigte sich im Fall Fonk, dem wohl spektakulärsten Kölner Kriminalfall des 19. Jahrhunderts.

STREIT IM LIKÖRGESCHÄFT

Peter Anton Fonk war ein recht bekannter Kaufmann im Rheinland. Seine Frau war die Tochter eines hoch angesehenen und ein-flussreichen Kölner Tabakfabrikanten. Einer seiner Onkel war Generalvikar in Aachen und später Dompropst in Köln. Anfang 1815 tat sich Fonk mit dem Krefelder Apotheker und Chemiker Franz Schröder zusammen, der Branntwein zu feinen Likören ver-edelte. Fonk übernahm den Vertrieb und Verkauf dieser Produkte. Die Geschäftspartner vereinbarten schriftlich, Gewinne und Ver-luste zu teilen. Jeder durfte zur Finanzierung seines Haushalts monatlich 150 Taler aus der gemeinsamen Kasse nehmen. Die Sache lief besser als erwartet – in den ersten anderthalb Jahren erwirtschafteten sie einen Nettogewinn von fast 20.000 Talern. Ein Supergeschäft.

Doch Schröder lebte ganz offensichtlich über seine Verhält-nisse. Als Fonk im Juni 1816 dessen Bücher kontrollierte, musste

Mathias Weber,
genannt
der Fetzer.

Anführer einer Räuberbande, welcher 25 Jahre
alt, und 181 gewaltsame gelungene, 121 miß-
lungene Diebstähle begangen hat.

Dieser wurde am 28. Pluv. J. 11. vom Spezial-
Gerichte in Köln zum Tode verurtheilet, und
wird heute den 30. Morgens durch die Guillo-
tine hingerichtet werden.

er feststellen, dass der Kompagnon offenbar Tausende Taler in die eigene Tasche gesteckt – oder an Gläubiger gezahlt hatte. Beide kamen überein, die Sache nicht an die große Glocke zu hängen. Sie vereinbarten, Schröder solle seine Schulden peu à peu abbauen, künftig den Likör auf eigene Rechnung produzieren und dann an Fonk zu festgesetzten Preisen liefern.

Kurz darauf drehte Schröder den Spieß um. Er behauptete, Fonk habe ihn betrogen, indem er in der Bilanz niedrigere Verkaufswerte angegeben habe als die tatsächlich erzielten. Fonk war entrüstet – und bot Schröder an, er könne gern einen Bevollmächtigten schicken, dem er seine Bücher offenlegen werde.

DER KASSENPRÜFER

Am 1. November 1816 taucht ein Mitarbeiter Schröders in Köln auf, der 28 Jahre alte Kaufmann Wilhelm Cönen. »Sehr gewandt, des Rechnungswesens kundig«, heißt es in einem zeitgenössischen Bericht, »rechtlich denkend, aber etwas eingebildet und roh von Sitten«. Der junge Mann ist offenbar überzeugt davon, dass Fonk der »schlaueste Betrüger« sei und nur er, Cönen, ihn »entlarven« könne.

Sechs Tage lang überprüft er Rechnungen und Belege, ohne Unstimmigkeiten zu finden. Cönen meldet dieses Ergebnis nach Krefeld, teilt aber gleichzeitig mit, er sei sich dennoch sicher, Fonk überführen zu können. Denn ausgerechnet dessen Buchhalter, Johann Joseph Hahnenbein, hatte ihm gesteckt, die Manipulationen seien woanders zu finden: nämlich im Haupt- und Kassabuch, nicht aber in jenen Papieren, die ausschließlich die Geschäftsverbindungen Fonks zu Schröder betrafen.

Also verlangt der Revisor Einblick in das Hauptbuch. Fonk lehnt dies jedoch mit der Begründung ab, hier seien auch Firmeninformationen zu finden, die nichts mit dem Likörgeschäft zu tun hätten. Noch am selben Tag schreibt Cönen an Schröder: »Ich ärgere mich sehr, und [...] mir schmeckt kein Essen mehr, desto größer aber soll meine Wonne sein, den Kerl in seiner erbärmlichen Blöße zu sehen.«

Über den Daumen gepeilt schätzt Cönen, dass Fonk seinen Geschäftspartner Schröder um acht- bis zehntausend Taler betrogen habe. Einem Freund sagt er, er werde »Fonk nötigenfalls durch das Handelsgericht zur Vorlegung des Hauptbuches zwingen lassen«. Zumal ihm der Buchhalter erzählt hatte, sein Chef habe ihn gebeten, einige Seiten aus dem Hauptbuch herauszureißen und durch neue zu ersetzen. Er, Hahnenbein, habe jedoch davon abgeraten.

Am 8. November reist Schröder schließlich selbst nach Köln. Und am nächsten Tag, einem Samstag, findet in Fonks Wohnung eine Besprechung der drei Männer statt. Fonk fühlt sich zwar im Recht, erklärt sich aber unter bestimmten Umständen bereit, das Haupt- und Kassabuch »freiwillig vorzulegen«, allein schon deshalb, um »Zweifler zu überzeugen«. Die kleine Runde beschließt, am nächsten Tag weiter darüber zu reden.

Schröder und Cönen gehen in einen Gasthof, um zu Abend zu essen – serviert wird gebratenes Huhn und Endiviensalat –, als dort plötzlich Hahnenbein aufkreuzt. Fonk werde nicht Wort halten, sagt der Buchhalter, der sei »zu klug«. Als Hahnenbein gegen 22 Uhr aufbricht, begleitet Cönen ihn noch ein Stück Richtung Alter Markt. Dann verabschiedet sich Cönen: »Gute Nacht, bis morgen!«

Hier, mitten in der Stadt, verliert sich seine Spur.

Tags drauf, am Sonntag, meldet Schröder das Verschwinden seines Mitarbeiters bei der Polizei. Erste Ermittlungen an den Stadttoren bringen nichts. Im Gespräch mit einem Polizeirat zeigen sich sowohl Schröder als auch Hahnenbein überzeugt davon, dass nur Fonk am Verschwinden Cönens schuld sein könne.

Am 16. November erscheint in der *Kölnischen Zeitung* und später auch im *Königlichen Amtsblatt* eine Suchmeldung mit einer sehr präzisen Personenbeschreibung: »Ein junger Mann, 28 Jahre alt, mit schwarzbraunen Haaren, rothen Wangen, schwärzlichem auf den Wangen hochstehendem sich etwas kräuselnden Backenbart, freier Stirne, blauen Augen, langen schwarzen Augenliedern, gut gestalteter Nase, kleinem Munde, ovalen Gesichte. [...] Bei dem Ausgehen aus dem Gasthause trug der Vermißte einen runden Hut,

Köln. Pr. Provinz-Julich-Cleve-Berg

Kölnische Zeitung.

Jahr 1817. № 6. Samstag den 11. Januar.

Deutschland

Köln, 10. Jan. Der am 19. Dez. v. J. bei Friemersdorf, unfern Uerdingen, vom Rhein angeschwemmte Leichnam ist durch eine Menge Zeugen nicht nur an der Kleidung, sondern auch an den Gesichtszügen und sonstigen zuverlässigen Merkmalen für die Person des Wild. Cönen von Crefeld, eines hoffnungsvollen und allgemein als rechtschaffen geachteten jungen Mannes, anerkannt worden, und aus den an seinem Körper wahrgenommenen äußern und innern Verletzungen haben die untersuchenden Aerzte gefolgert, daß er eines gewaltsamen Todes gestorben sey.

Da die Leiche des Unglücklichen, nachdem man sie vierzig Tage lang vergebens gesucht hatte, mitten in dem Gebürgslande und unter den Freunden und Verwandten desselben, zu einer Zeit, wo die Justiz eben mit der Untersuchung über die Jdentität eines andern gefundenen Leichnams beschäftigt, und die Aufmerksamkeit des Publikums auf das Resultat dieser Untersuchung so lebhaft gespannt war, auf eine wirklich wunderbare Art an das Tageslicht gekommen ist, so darf man mit Zuversicht hoffen, daß auch die Mörder nicht unentdeckt bleiben werden. Vielleicht ist es einer göttlichen Fügung der Vorsehung vorbehalten, durch einen Zufall diese Entdeckung, welche sich durch den regesten Eifer der Behörden nicht immer herbeizwingen läßt, zu befördern. Möge dies sich bald ereignen, damit der Schuldige auf gesetzlichen Ahndung gezogen, die Unschuld aber gegen voreilige Urtheile geschützt werde.

Oestreich

Wohl keine Monarchinn bekommt bei ihrer Vermählung so ansehnliche hergebrachte Geschenke als eine Monarchinn von Oestreich. Die böhmischen Deputirten trafen zu Wien ein mit einem Geschenk von 10000 Dukaten; die Mährischen mit 100000 Fl. W. W., die Steyerischen mit 50000 Fl., die Ober-Oestreichischen mit 50000 Fl., Nieder-Oestreich über 100000 Fl., die Ungarn schicken von jedem Komitat (deren 52 sind) einen Deputirten ab; diese gratuliren aber bloß und das Geschenk, das aus 40000 Dukaten besteht, wird zur Krönung dargebracht; dem Vernehmen nach, in der Mitte des kommenden Jahrs dort statt gehen soll. Von dieser Krönung hängt für die jedesmalige Kaiserinn sehr viel ab; denn durch sie erhält sie das Recht auf das Wittthum in Ungarn, welches ihr im entgegengesetzten Falle nicht zukommt.

— Aus mehrern Ländern des östreichischen Staates lausen beunruhigende Nachrichten über die täglich steigende Theurung ein. In einigen Theilen von Tirol, im salzburgischen Gebirgslande, in Ober-Kärnthen und dem größern Theile von Jllyrien herrscht nicht bloß Theurung, sondern eine so drückende Noth, daß die Bewohner dieser Gegenden auch zum Kleienbrod, mit gemahlenen Wicken und geschlossner Baumrinde gemischt, ihre Zuflucht nehmen. Jn der Gegend um Agram pachten die Landleute die Waldungen, um darin Ratten fangen zu dürfen, die dann geräuchert als Leckerbissen betrachtet werden. Auch aus Böhmen sind die Nachrichten keineswegs tröstlich, und man fürchtet, daß gegen das Frühjahr vorzüglich die Gebirgsgegenden mit einer Hungersnoth heimgesucht werden dürften, was freilich auf die zahlreichen Fabriken in diesen Gegenden den nachtheiligsten Einfluß haben würde. Was jedoch die Residenzstadt selbst betrifft, so zeigen die Einfuhrtabellen, daß größere Vorräthe als im verflossenen Jahre vorhanden seyn müssen.

— Vom 2. Jan. an die Interessen von den bis zum 21. Dez. in Papiergeld geleisteten Aktien-Einlagen von 2 % bis zum 2 ½ Währung an die Aktionäre bezahlt. Von unsern 600 Mill. Papiergeld sind nunmehr für 58 Mill. verbrannt worden.

Frankreich

Das wichtige Gesetz über die Wahlen beschäftigt gegenwärtig die Kammer, und die Erörterungen bieten die verschiedensten, oft ganz entgegengesetzt: Ansichten dar. Hat Jeder, der in Frankreich 500 Fr. Steuern bezahlt, das Recht, in der Wahlversammlung seine Stimme zu geben, dann beträgt die Anzahl der Wähler, wird die Patentensteuer miteingeschlagen, 90,876, und ohne dieselbe 74,900. Die Anzahl der in wählbaren Deputirten der Kammer ist 255 von den Wählbaren, welche nämlich 40 Jahre alt sind, und 1000 Fr. Steuern bezahlen, 16,032.

Die mit dem Gesetze nicht zufrieden sind, wollen entweder eine größere oder eine kleinere Anzahl von Wählenden. Beide scheinen sich zu widersprechen, und sind doch einig. Diejenigen, welche 500 Fr. die gaben bezahlen, bilden die ganze Mittelklasse der Güterbesitzer, den eigentlichen Kern der Nation. Da aber die meisten Landeigenthümer, welche die angeführte Steuer bezahlen, Erwerber von Nationalgütern, oder bei der Erhaltung des Verkaufs derselben inter-

ein dunkelblaues Kleid mit gelben Knöpfen, gelbe Piquee-Weste, grau-tuchene weite mit rothen Streifen besetzte Hose, und Stiefeln, und hatte wahrscheinlich bei sich ein rothes Portefeuille, und eine große meerschaumene Pfeife [...].«

FONK GERÄT INS VISIER

Da Hahnenbein bei einer Vernehmung seine Vorwürfe wiederholte, wurden Fonk und dessen Familie genau ins Visier genommen – bis hin zur Observierung. Dafür war Inspektor Schöning zuständig.

Am 25. November 1816 setzte Schröder eine immens hohe Belohnung von 3.000 Talern aus und versprach, alle Hinweise vertraulich zu behandeln. In Köln, Krefeld und auf dem Land verbreiteten sich immer mehr Gerüchte. Bald schon sangen die Gassenjungen: »Wer will todt geschlagen seyn, geh zu Fonk in Cöln am Rhein«.

Die Polizei hatte jedoch nichts in der Hand gegen Fonk, der seinerseits versuchte, das böse Gerede zu stoppen, indem er alle seine Geschäftsbücher am 27. November zur Prüfung an das Handelsgericht übergab. Drei Wochen später, am 19. Dezember, fanden zwei Männer bei Friemersheim nahe Krefeld die Leiche Cönens am Rhein. Vier Mediziner untersuchten nacheinander den Toten. Das Ergebnis der Obduktion ergab Kopfverletzungen, die vermutlich von einem Gegenstand herrührten – vielleicht einem Bandmesser. Drosselspuren am Hals. Hautverletzungen im Kniebereich, vermutlich durch dicke Stricke verursacht. Sie stellten außerdem fest, Cönen sei getötet worden, bevor er in den Rhein geworfen wurde.

Drei Tage später bekam Fonk Besuch von der Staatsmacht. In Begleitung mehrerer Polizisten erklärte ihm der inzwischen eingeschaltete Generaladvokat Gottfried von Sandt, Cönen sei ermordet worden. Deshalb müsse nun gegen ihn, Fonk, eine förmliche Untersuchung eingeleitet werden.

Am Tag vor Silvester beantragte Sandt beim zuständigen Untersuchungsrichter einen Haftbefehl gegen Fonk und begründete dies unter anderem mit dem »üblen Ruf, worin Fonks Geschäfte schon lange stehen«, und mit »Sonderheiten« in dessen Benehmen. Doch der Richter erklärte, die öffentlichen Gerüchte gegen Fonk seien »durch vorlaute Äusserungen der Polizei-Beamten und die darauf gestützte harte Sprache des Schröder und der zahlreichen [...] Freunde des Cönen entstanden oder doch sehr verbreitet« worden, und lehnte einen Haftbefehl ab. Generaladvokat Sandt wollte sich mit der Entscheidung nicht abfinden, doch seine Beschwerden bei höheren Gerichten waren erfolglos. Für die Polizei bedeutete dies eine Niederlage auf ganzer Linie.

DAS SCHWÄCHSTE GLIED DER KETTE

Weil auch die Handelsrichter nach der Beendigung ihrer Überprüfung am 20. Januar 1817 keinerlei Manipulationen in Fonks Buchhaltung entdecken konnten, sahen sich die Ermittler genötigt, ihren Joker einzusetzen – Rüdger Hilgers, den erprobten, intern hoch gelobten V-Mann. An dem Gerücht über Fonk müsse doch etwas dran sein, so ihre Überlegung. Sie mögen wohl befürchtet haben, in der Öffentlichkeit als Taugenichtse dazustehen, sollte ihnen nicht der entscheidende Brückenschlag vom Gerücht zum Beweis gelingen.

Der clevere Hilgers suchte sich das seiner Meinung nach schwächste Glied in der Kette aus – nämlich Fonks Küfer Christian Hamacher, der mittlerweile auch als möglicher Komplize verdächtigt wurde. Hamacher galt als ehrliche Haut, etwas einfältig, neugierig. Und er plauderte gerne. Verdächtig schien, dass er seit einiger Zeit »mehr Geld ausgebe und öfter in Bier- und Weinhäuser gehe«, wie es in einer Polizeinotiz hieß.

Hilgers sorgte zunächst trickreich dafür, dass noch mehr Gerüchte entstanden. Er ritt nach Sinnersdorf, dem Heimatort Hamachers, und erzählte dort allen und jedem, dass viele in Köln glaubten, Hamacher habe geholfen, »den jungen Menschen zu ermorden«. Anschließend sei die Leiche in ein Fass gesteckt worden, das man in den Rhein geworfen habe. In Köln erzählte Hilgers wiederum, dass genau darüber in Sinnersdorf spekuliert werde.

Der V-Mann muss über den Stand der Ermittlungen genau Bescheid gewusst haben. Vor allem kannte er offenbar Details des Obduktionsberichts, wie etwa Angaben zur möglichen Tatwaffe, die in der Öffentlichkeit noch nicht bekannt waren. Dies machte sich Hilgers zunutze und lockte Hamacher in eine Falle – offenbar in Absprache mit Inspektor Schöning und Generaladvokat Sandt.

IM »KÜMPCHEN«

Der Gasthof »Kümpchen« in der Nähe des Doms. Ermittler Schöning hatte den Wirt gebeten, Hamacher am Abend des 30. Januar 1817 in das Lokal zu bestellen und ihm den Auftrag zu erteilen, im Keller aus einem Weinfass Flaschen abzufüllen. Während der Küfer beschäftigt ist, schlendern Hilgers und drei weitere Männer, die auch für die Polizei arbeiten, in das Lokal. Als Hamacher die Flaschen nach oben bringt, spendiert ihm der Wirt eine – die der Küfer zügig austrinkt. Die Polizeispitzel spielen Karten mit dem Wirt, Hilgers blättert in einer Zeitung. Einer der Spitzel fragt Hilgers ganz nebenbei: »Was gibt es Neues?« Hilgers antwortet im Plauderton: »Ich komme gerade aus Krefeld. Dort geht das Gespräch, ein Fassbinder habe Cönen getötet, und zwar mit einem Bandmesser.«

Ein Bandmesser ist ein Werkzeug der Küfer und Böttcher. Das weiß jeder hier. Wie im Chor rufen die Spitzel und der Wirt: »Da sitzt der Binder vom Fonk« – und zeigen auf Hamacher. Der antwortet: »Das bin ich allerdings, die Geschichte aber wird nie ans Tageslicht kommen.«

Einer der Polizeispitzel, Gerhard van Hees, schneidet sich heimlich in den Finger, lässt Blut in ein Glas Wasser tropfen und schiebt es Hamacher hin: »Sieh, das ist Menschenblut!« Hamacher ruft erschrocken: »O Jesus!« Hilgers baut sich vor ihm auf: »Du bist der Mörder meines Freundes Cönen. Du hast den Cönen auf ein Brett gebunden. [...] Du hast ihn mit einem Bandmesser auf den Kopf geschlagen.« Er nimmt ein Bandmesser, das er sich zuvor besorgt hatte, und hält es vor Hamachers Gesicht. »Mit einem

Eine 1816 erschienene Illustration stellte dar, wie sich der Mord abgespielt haben könnte

solchen Instrument hast du meinen Freund Cönen ermordet!«
Hamacher ruft: »Davon weiß ich nichts, lass mich in Ruhe!« Als
Hilgers ihn weiter attackiert, kommt es zu einem Handgemenge.

In der Anklageschrift gegen Hamacher, die fast ausschließlich
auf den belastenden Aussagen der Spitzel und des V-Mannes Hilgers aufbaut, wird es später heißen: »Beide griffen sich, Hilgers
warf ihn unter sich aufs Kanapee; als er [Hamacher] dem Hilgers
die Hand zwischen die Halsbinde und den Hals setzte, sagte ihm
letzterer: ›Du hast mich auf die nemliche Weise wie auch den
Cönen morden wollen.‹« Angeblich antwortete Hamacher: »Hätte
ich dich, wo ich den hatte, dann sollst du mir nicht entgehen.«

Am nächsten Morgen wird der Küfer festgenommen. Generaladvokat Sandt und Inspektor Schöning verdonnern Hilgers dazu,
den Mund zu halten. Die Falle im »Kümpchen« muss unter allen
Umständen geheim bleiben.

Hamacher legt in der Haft ein umfangreiches Geständnis ab –
nachdem der Generaladvokat fälschlicherweise behauptet hatte,
Fonk habe die Tat so gut wie zugegeben. Und der Küfer belastet
seinen Chef schwer. Fonk habe gesagt, »der Kerl muss wegge-
schafft werden, der ruinirt mich, ihr müsst mir helfen«. Im Lager
des Betriebs sei Fonk auf Cönen losgegangen, habe ihn »mit dem
Bandmesser [...] auf den Kopf geschlagen« und so heftig auf die
Brust gestoßen, dass dieser »rückwärts zu Boden gefallen und
mit dem Kopfe auf einen nahe dabey gestandenen Gewichts-
stein hineingestürzt sey«. Fonk habe ihn, Hamacher, aufgefordert:
»Haltet ihm die Gurgel zu, dass er nicht schreyen kann«. Dann
habe er »nicht mehr schreyen können«. Sein Bruder habe ihm
dann geholfen, die Leiche wegzuschaffen. Wenig später widerruft
Hamacher sein Geständnis. Und sein Bruder bestreitet energisch,
irgendetwas mit dem Tod Cönens zu tun zu haben.

DER ERSTE PROZESS

Der Versuch der Staatsanwaltschaft, Peter Anton Fonk vor Gericht
zu bringen, scheiterte zweimal. Nach Ansicht der Richter boten die

»erhobenen Indicien« keine »zureichenden Verdachtsgründe«. Im Oktober 1820 stand deshalb nur Christian Hamacher vor Gericht. Der Mordprozess gegen den Küfer fand jedoch nicht in Köln statt, sondern vor dem Trierer Geschworenengericht – etwa 40 Stunden Kutschfahrt entfernt.

In ihrer Doktorarbeit über den Fall Fonk schreibt die Juristin Ingrid Sibylle Reuber, die Verlegung nach Trier sei eine Maßnahme gewesen, »die viel Staub aufwirbelte und von den verschiedensten Mutmaßungen über die [...] Motive begleitet« worden sei. Ein Grund war offenbar die Überzeugung, das Verfahren müsse »dem Einflussbereich der mächtigen Familie Fonk« entzogen werden. Der Generaladvokat nannte einen anderen: In Köln hätten sich »keine unvoreingenommenen und unbeeinflussten Geschworenen« finden lassen.

In der Hauptverhandlung stand einer der Verteidiger Hamachers kurz davor, das Komplott Hilgers' aufzudecken. Als Gerhard van Hees, einer seiner drei Helfer, als Zeuge zu den Geschehnissen im Gasthaus vernommen wurde, fragte der Anwalt diesen eher zufällig, ob er von der Polizei den »geheimen Auftrag gehabt habe, jenen Vorfall im Kümpchen mitveranlassen zu helfen«, wie es im Sitzungsprotokoll heißt. Van Hees antwortete: »Nein, was ich dabei that, geschah, weil ich Hamacher für Mitschuldig an der Ermordung des Cönen hielt.« Ob er sich nicht »zuweilen als Agenten der geheimen Polizei« habe gebrauchen lassen, fragte ihn der Anwalt. »Niemals«, log der Zeuge. »Dazu bin ich nicht fähig.« Erstaunlicherweise hakte hier weder der Verteidiger noch der Vorsitzende Richter nach, und der Polizeiskandal blieb den Geschworenen verborgen.

Am 31. Oktober 1820 wurde der Küfer Christian Hamacher wegen Totschlags zu lebenslanger Zwangsarbeit verurteilt. König Friedrich Wilhelm III. bestätigte das Urteil. Gleichzeitig verfügte er aber, die Vollstreckung auszusetzen – und das Ergebnis eines möglichen Prozesses gegen Fonk abzuwarten. Eine weise Entscheidung.

24. April 1822, ein Mittwoch. Im dritten Anlauf haben die Ermittler es geschafft: Der Prozess gegen Peter Anton Fonk beginnt, ebenfalls in Trier. Er dauert 40 Tage. Am Ende der Beweisaufnahme geht es nur um die Frage – ist er schuldig des Mordes oder der Beihilfe zum Mord? Zweieinhalb Stunden lang beraten die zwölf Geschworenen. Sie entscheiden mit acht zu vier Stimmen: schuldig der Beihilfe zum Mord.

Der Staatsanwalt beantragt die Todesstrafe, die »an einem der hiesigen öffentlichen Plätze in Vollzug gesetzt werden« solle. Fonk verzichtet auf ein letztes Wort. Sein Verteidiger sagt unter Tränen und kaum verständlich: »Ich überlasse das Urteil dem Gewissen der Richter.« Die benötigen gerade mal 20 Minuten, um dann das Todesurteil zu fällen.

Die beiden Prozesse gegen Hamacher und Fonk beschäftigten die deutsche Öffentlichkeit monatelang. Die Zeitungen berichteten in ungewohnter Ausführlichkeit, etliche Bürgerinnen und Bürger machten sich für Hamacher und Fonk stark – die Unterstützer des Kaufmanns hießen alsbald Fonkianer. Der König wurde mit Petitionen überhäuft, die ihn baten, die Urteile zu kassieren. Denn er war die letzte Instanz.

Preußens Justizminister Friedrich Leopold von Kircheisen hatte – in Vorbereitung des entscheidenden Votums – den für die Rheinlande zuständigen Revisions- und Kassationshof zu einer detaillierten Stellungnahme aufgefordert. Sie kam am 22. Januar 1823 und war niederschmetternd für die beiden Verurteilten. Die Richter erklärten nämlich, nach Auswertung der Prozessakten stehe für sie fest, »dass sich nirgend behaupten lasse, dass die Geschwornen in ihrer Schuldig-Erklärung sich geirrt hätten«.

Kircheisen war völlig anderer Meinung, und tatsächlich schloss sich der König dem Votum seines Ministers an: Friedrich Wilhelm III. bestätigte das Urteil nicht. Er habe sich, heißt es in einer Kabinettsorder vom 28. Juli 1823, »den Fonkischen Criminalfall ausführlich vortragen« lassen – und könne »weder den Fonk noch den Hamacher straffällig finden. [...] Ich verordne demzufolge, daß man Fonk und Hamacher in Freiheit setze«.

Am 10. August 1823 kamen die Männer frei. Knapp zwei Monate später ging der König noch einen Schritt weiter: Er ordnete an, dass den beiden die Kosten des Verfahrens, die in immense Höhen gestiegen waren, zu erlassen seien.

Wer der Mörder des Wilhelm Cönen war, konnte nie geklärt werden. Die Polizei hatte nur einseitig – und halsstarrig – gegen Fonk, Hamacher und Hahnenbein ermittelt. Andere Hinweise wurden außer Acht gelassen, nachdem Rüdger Hilgers und die drei Spitzel den Küfer auf ihre Weise als angeblichen Täter überführt hatten. Es gab auch Spekulationen, der Tod des Krefelder Kaufmanns sei möglicherweise gar kein Verbrechen gewesen. Schon der König hatte in seiner Kabinettsorder geäußert, dass »der Thatbestand der Ermordung« Cönens »nicht unzweifelhaft« feststehe.

Peter Anton Fonk starb am 9. August 1832 in seiner Heimatstadt Goch. Auf dem Totenzettel stand: »Wer die beispiellosen Schicksale des nun Verklärten kennt, verehrte in ihm den Dulder, den Mann, den Christ.« Dann wird Psalm 111 zitiert: »Der Nachruhm des Gerechten bleibt ewig. Er fürchtet nichts bei schrecklichen Gerüchten.«

TUMULT AN KARNEVAL

IN KÖLN BRICHT DIE 1848ER-REVOLUTION AUS

3. MÄRZ 1848

Paris, gut 400 Kilometer entfernt von Köln. Dienstag, der 22. Februar 1848. Es ist kalt, Schnürregen fällt. Seit fast 18 Jahren regiert Louis-Philippe I., der sogenannte Bürgerkönig. Die republikanische Opposition hat auf den Champs Élysées eine große Protestkundgebung angekündigt gegen den Regenten, gegen die Monarchie.

Die letzten beiden französischen Revolutionen, 1789 und 1830, hatten mitten im Sommer, im Juli, stattgefunden. Und nicht bei schlechtem Wetter, nicht im Winter, so jedenfalls tröstete sich Louis-Philippe. Ein fundamentaler Irrtum. Drei Tage später, nach heftigen Barrikadenkämpfen und zahlreichen Toten, ist seine Herrschaft beendet, und mit ihr die französische Monarchie. Der Thron, das Symbol der Macht: verbrannt auf der Place de la Bastille.

Die Pariser Ereignisse lösen eine Welle aus, die in rasender Geschwindigkeit halb Europa erfasst. Und als eine der ersten deutschen Großstädte das preußische Köln – ausgerechnet an den Karnevalstagen.

Hier wohnen etwa 90.000 Menschen. In der Rangliste der reichsten Städte Preußens liegt Köln an dritter Stelle, nach Berlin und Breslau. Zu den Spitzenverdienern gehören der Zuckerfabrikant Carl Joest und der Bankier Friedrich Peter Herstatt, aber auch Weinhändler und Importeure von Wildhäuten. Als wohlhabend gilt, wer pro Jahr mindestens 400 Taler einnimmt – aber das sind nicht einmal fünf Prozent der Bürger.

Die Kehrseite: Bei mehr als 90 Prozent der Bevölkerung reicht das Geld vorne und hinten nicht. Selbst wenn Frauen und Kinder mitarbeiten, zwölf Stunden am Tag, auch samstags. Binnen zwei Jahren sind die Preise für Grundnahrungsmittel wegen schlechter Ernten drastisch gestiegen, und die stetig voranschreitende Industrialisierung produziert massenhaft Arbeitslosigkeit. Die Zahl jener, die »ohne Brod und Beschäftigung« sind, steigt rasant an.

Wohl 25.000 Namen stehen in einer städtischen Liste der Armen, der wirklich Armen. Einen von sozial engagierten Bürgern gegründeten Verein zur »Abhülfe der augenblicklichen Noth«, der zeitweise gemeinsam mit der Armenverwaltung Tag für Tag bis zu 7.000 Suppenportionen an Bedürftige ausgab, hatte die preußische Regierung in Berlin Ende 1846 verboten. Zur Begründung hieß es, er mache »das Volk aufrührerisch«.

Aufrührerisch. Das klang fast wie eine Prophezeiung.

»KRÄNZCHEN VON LAUTER COMMUNISTEN«

Die soziale Lage rief Kölner Männer – und auch einige Frauen – auf den Plan, die wahlweise Fortschrittler, Demokraten, Liberale, Radikale oder Kommunisten genannt wurden. Manche hatten eher sozialrevolutionäre Pläne. Für sie standen Ansprüche der Arbeiter an erster Stelle, vor verfassungspolitischen Reformen. Andere wollten eben diese durchsetzen: etwa eine konstitutionelle Monarchie und einen Nationalstaat unter Führung Preußens anstelle eines aufgesplitterten Deutschlands. Oder gar eine Republik nach amerikanischem Vorbild. Oder die Abschaffung

Die rote Fahne der Demokratischen Gesellschaft in Köln, 1848

der monarchischen Ordnung. Auf jeden Fall hatten sie es alle satt, immer nur Objekt der Politik zu sein.

Schon in den freiheitsbewegten Jahren vor 1848, dem sogenannten Vormärz, gab es unter den Kölner Bürgern Bestrebungen nach politischer Mitsprache. Erklärte Regimegegner trafen sich oftmals privat – zum Beispiel Am Alten Ufer im Haus der Annekes. Fritz Anneke war ein ehemaliger preußischer Offizier, der wegen »Umgangs mit Kommunisten« geschasst worden war. Seine Frau Mathilde Franziska arbeitete als Journalistin und war durch ihre feministische Streitschrift *Das Weib im Conflict mit den socialen Verhältnissen* bekannt geworden. Darin forderte sie Gleichberechtigung für Frauen. »Warum auch sollte das Weib überhaupt die schweigsame Dulderin fortan noch sein? Warum noch länger die demütige Magd, die ihrem Herrn die Füße wäscht«, schrieb sie.

Außer dem »Kränzchen von lauter Communisten«, wie Mathilde Franziska Anneke die Versammlungen in ihrem Haus nannte, gab es weitere. Beliebte Treffpunkte waren das »Café Royal« in der Schildergasse, dessen reaktionär anmutender Name später durch »Stollwercks Deutsches Kaffeehaus« ersetzt wurde, oder das Weinhaus »Zur ewigen Lampe« in der Trankgasse. Im Hotel »Laacher Hof« traf sich ein »Montagskränzchen«.

Viele der damaligen Gäste wurden Berühmtheiten – manche nur für einige Zeit, wie Franz Raveaux, der Tabakwarenhändler, Oberkarnevalist, linke Stadtrat und spätere Abgeordnete in der Frankfurter Nationalversammlung. Manche auf ewig, wie der scharfsinnige Philosoph, Nationalökonom, Jurist und Journalist Karl Marx, dessen Hauptwerk *Das Kapital* ein Weltbestseller werden sollte.

MARSCH AM KARNEVALSFREITAG

Am 3. März, einen Tag nach Weiberfastnacht und gut eine Woche nach dem Pariser Coup, ist Köln vor allem eins: sehr stark politisiert. Eine Veranstaltung jagt die nächste. Das spektakulärste Ereignis ist ein Zug von Handwerkern und Arbeitern, alle in

Sonntagskleidung, die sich am Abend von der Severinstraße in Richtung Rathaus aufmachen. Anfangs sind es einige Hundert, die mitmarschieren, bald schon Tausende. Angeführt wird der Marsch vom Armenarzt Andreas Gottschalk, dem Schriftsteller Nikolaus Hocker und den Ex-Offizieren Fritz Anneke und August von Willich.

Im Rathaus sind die Stadtverordneten zu einer regulären Sitzung zusammengekommen. Gottschalk darf die Anliegen der Demonstranten vorbringen. Vor den Ratsmitgliedern hält der charismatische Rhetoriker eine lange Rede. Er trage hier die Forderungen »der Armen des Volkes« vor, sagt Gottschalk, »die für den Schweiß ihrer Arbeit nicht das Notwendigste erhalten, um ihre Blöße zu decken oder ihren Hunger zu stillen«. Die Forderungen des Volkes lauteten: Gesetzgebung durch das Volk, Rede- und Pressefreiheit, Auflösung des stehenden Heeres und Einführung einer allgemeinen Volksbewaffnung, uneingeschränktes Versammlungsrecht, geregelte Arbeitszeit, Kindererziehung auf öffentliche Kosten.

Wenn eine traditionsreiche Handelsstadt wie Köln sich stark mache »für die arbeitende Klasse«, den sogenannten vierten Stand, sagt Gottschalk, dann sei dies ein eminent wichtiges politisches Signal. Er schließt mit dem Wunsch, der Rat möge sich die »Forderungen des Volkes« zu eigen machen. Ein Stadtverordneter ruft in den Saal: »Was Sie wollen, ist die Errichtung einer Republik, das ist strafbar ...« Der Arzt antwortet: »Nein. Ich will eine Monarchie mit demokratischer Grundlage. Das ganze Volk muss an der Gesetzgebung beteiligt werden.«

Vor dem Rathaus versammeln sich immer mehr Menschen. Preußische Soldaten ziehen auf, um die Menge zu vertreiben. Die Order aus Berlin lautete, derlei Aufläufen »mit der größten Festigkeit und Entschiedenheit entgegenzutreten«. Chaos entsteht. Stadträte und Demonstranten stieben auseinander »wie Spreu vor dem Winde«, notierte ein Augenzeuge. Zwei Ratsherren springen aus der ersten Etage des Rathauses in den Innenhof, der Stadtverordnete Bartholomäus Joseph Bourel bricht sich dabei beide Beine, eines doppelt.

Die Debatte wird abgebrochen, gegen Mitternacht herrscht Ruhe. Gottschalk und seine Mitstreiter Anneke und Willich werden von der Staatsmacht wegen »Aufreizung zum Aufruhr« festgesetzt. 18 Tage lang. Danach mussten sie versprechen, alle »Umtriebe einzustellen«.

Zwar blieb Gottschalks Appell vor Ort erst einmal »relativ erfolglos«, wie der Historiker und Politikwissenschaftler Jürgen Herres schreibt. Aber die Demonstration habe »auf die öffentliche Meinung in Preußen einen tiefen Eindruck« gemacht. Denn »mit diesem unerwarteten und frühen Hervortreten eines sozialen Arbeiterradikalismus« seien zum ersten Mal in Preußen politische Reformen öffentlich eingefordert worden, die andernorts längst Konsens waren. Dieser 3. März war daher von grundsätzlicher Bedeutung – weit über Köln hinaus.

ZU BESUCH BEIM KÖNIG IN BERLIN

In der Woche nach Karneval fahren zwölf Kölner Stadträte zum König nach Berlin. Franz Raveaux gehört zur Delegation, auch der Unternehmer Heinrich von Wittgenstein. Friedrich Wilhelm IV. ist ein großer Köln-Fan. Am liebsten würde er am Rhein als »Vizekönig« regieren, sagte er einmal. Der damals noch unvollendete Dom mit seinem »ungeheuren Gewölbe« galt ihm als das »schönste Schauspiel der Welt«. Er hatte die zweite Grundsteinlegung 1842 initiiert, die zur endgültigen Fertigstellung des Doms führte, den er als Symbol der »teutschen Einigkeit und Kraft« betrachtete.

Am 18. März, vormittags, dürfen Raveaux und die anderen beim König vorsprechen. Sie fordern eben diese deutsche Einheit, konkret erste Schritte zu einem National- und Verfassungsstaat, sonst drohe das Rheinland von Preußen abzufallen. Seine Majestät antwortet huldvoll, unverbindlich, vage zustimmend. Die Kölner hätten es aber gern schriftlich. »Reicht nicht das königliche Wort?«, fragt Friedrich Wilhelm IV. »Nein, Majestät, das genügt nicht mehr«, antwortet Wittgenstein. »Also, so weit ist es gekommen?« Wittgenstein: »Ja, Majestät, so ist es.«

Und es kommt noch viel mehr. In der Nacht zum 19. März wird Raveaux Zeuge der Revolution in Berlin: Barrikaden überall, Schießereien. Das preußische Militär geht gnadenlos gegen die eigene Bevölkerung vor und tötet etwa 300 Bürger. Der König ist gezwungen, Zugeständnisse zu machen. Er gewährt eine gewisse Pressefreiheit und bildet am 29. März eine neue Regierung. Darin übernehmen zwei rheinische Liberale Führungspositionen: der Kaufmann und Bankier David Hansemann aus Aachen wird Finanzminister, sein Kölner Berufskollege Ludolf Camphausen wird Ministerpräsident. Sie sollen Preußen in die Verfassungsstaatlichkeit führen.

»HIER SCHWANKT ALLES«

Die Dämme des Obrigkeitsstaats, so schien es, waren ein Stück weit gebrochen. Und deshalb glauben viele, jetzt könne ein demokratisch verankerter deutscher Nationalstaat mit konstitutioneller Monarchie errichtet werden. Im Zeitraffer ausgesuchter Ereignisse wird deutlich, welche Dynamik sich in den Monaten bis Ende September entwickelte. Köln sei damals, so Jürgen Herres, ein »Kommunikationszentrum der rheinischen Revolution« gewesen. Bis diese dann innerhalb weniger Stunden scheiterte.

20. März. Vom Neumarkt ziehen etwa zehntausend Menschen zum Dom. Auf dem Turmkran wird, mit ausdrücklicher Genehmigung des Erzbischofs, eine riesige schwarz-rot-goldene Fahne gehisst – die Fahne des Aufbruchs.

Eine bewaffnete Bürgerwehr gründet sich. Ihr Ziel: in aufregenden Zeiten die öffentliche Ordnung aufrechtzuerhalten. Kommandant ist Heinrich von Wittgenstein, sein Vize Franz Raveaux. Höchste Mannstärke: 6.000.

25. März. Soldaten fordern, Militärgerichte und der »Drill« müssten abgeschafft werden. Sie wollen »Vertheidiger Deutschlands« sein, »nicht aber willenlose Drahtpuppen zum Amüsement hoher Herrschaften«.

27. März. Regierungspräsident Karl Otto von Raumer beschreibt in einem Brief an das Berliner Innenministerium die Stimmungslage

in Köln: »Hier schwankt alles, alle Verhältnisse [...] sind nahe daran, sich aufzulösen.«

11. April. Karl Marx kehrt nach Jahren des Exils nach Köln zurück. Seine *Rheinische Zeitung* war im April 1843 verboten worden, jetzt bereitet er die erste Ausgabe der *Neuen Rheinischen Zeitung* vor, die ab dem 1. Juni erscheinen und sich als »Organ der Demokratie« präsentieren wird: mit präzisen Analysen, wortgewaltiger Agitation, mit Poesie und Polemik. Er versucht seine Leser davon zu überzeugen, dass, um Erfolg zu haben, »proletarische und bürgerliche Demokraten« gemeinsam handeln müssten.

13. April. Gründung des Kölner Arbeitervereins, Vorsitzender ist der Mediziner Andreas Gottschalk. Bald schon gehören dem Verein 8.000 Mitglieder an, damit ist er einer der größten in Deutschland. Viele gehen auf die Dörfer, um die Menschen dort für den Traum einer Arbeiter- und Bauernrepublik zu begeistern.

1. Mai. Wahlen zur deutschen Nationalversammlung in Frankfurt und zugleich zur preußischen Nationalversammlung in Berlin. Gut zwei Wochen später, am 18. Mai, ziehen unter Glockengeläut 397 Abgeordnete, unter ihnen der Kölner Franz Raveaux, in die Frankfurter Paulskirche ein. Ziel: eine Verfassung für Freiheit und Einheit auszuarbeiten.

16. Mai. Heinrich von Wittgenstein, der Kommandant der Bürgerwehr, tritt als Regierungspräsident an. Er ist der erste Kölner in diesem Amt, zudem katholisch. Es handelt sich ganz offenbar um einen Versuch der preußischen Regierung, die Menschen am Rhein, fast allesamt Katholiken, für sich zu gewinnen.

3. Juli. Erneute Verhaftung Gottschalks, Annekes und weiterer Führer des Arbeitervereins. Wilde Gerüchte machen die Runde, offenbar gestreut von preußischen Geheimagenten. Gottschalk soll daheim vier Tonnen Gold gebunkert haben – und drei Guillotinen.

10. September. Unter der Leitung von Mathilde Franziska Anneke erscheint erstmals die *Neue Kölnische Zeitung*. Auch der Arbeiterverein hat eine eigene Zeitung.

11. September. Auf dem Neumarkt gehen Soldaten eines Regiments, das gerade erst nach Köln verlegt worden war, mit blanker

Barrikade am Alter Markt, September 1848

Waffe gegen Bürger vor und verletzen einige. Befehle von Vorgesetzten werden ignoriert. Die Menge skandiert: »Es lebe hoch die Republik, dann sind wir auch die Preußen quitt!«

13. September. Ein sogenannter Sicherheitsausschuss wird gegründet, in dem radikale Kräfte schnell die Oberhand gewinnen, etwa Mitglieder des Arbeitervereins. Liberale demonstrieren mit Plakaten gegen diesen Ausschuss, in dem sie den »ersten Schritt zur Revolution« sehen. Ein scharfer Appell des Ausschusses an das Frankfurter Parlament löst Ermittlungen wegen versuchten Staatsstreichs aus.

17. September. Bei Worringen kommen mehr als 10.000 Menschen zusammen, um – wie schon einige Tage zuvor auf dem Kölner Frankenplatz – für eine »demokratisch-soziale, für die rote Republik« zu kämpfen. Die hohe Zahl der Teilnehmer habe ganz deutlich den »über Köln hinausgreifenden neuen Charakter der Volksbewegung« gezeigt, so der Historiker Reinhold Billstein.

25. September. Der Vorsitzende des Sicherheitsausschusses und spätere Oberbürgermeister Hermann Becker (der »rote Becker«, aber der Haarfarbe wegen) und der neue Chef des Arbeitervereins Joseph Moll werden eingesperrt. Stunden später nur befreien Anhänger Molls diesen aus der Zelle. Und schon organisiert er auf dem Alter Markt eine Kundgebung – obgleich jedermann weiß, dass solche Aufläufe längst verboten sind. Aber: Ein junger Bursche ist sistiert worden, er hatte geholfen, vor dem Zeughaus Steine für eine Barriere aufzulesen. Und gegen eine solch rigide Maßnahme könne nur auf diese Weise protestiert werden. Worte nützten nichts, sagt Moll. Als gemeldet wird, Militär rücke an, werden aus Pflastersteinen und Holzlatten Straßensperren aufgebaut. Doch blutige Kämpfe, wie im März in Berlin, finden nicht statt – auch deshalb, weil sich die Soldaten, weisungsgemäß, dieses Mal ziemlich zurückhalten.

»WUNDERBARE LEUTE DIE RHEINLÄNDER!«

Nach Monaten der Erregung verpufft der Elan, der zu Karnevals-zeiten erwacht war, an diesem 25. September plötzlich. Tags drauf räumen Soldaten und Arbeiter alle Hindernisse weg. Der Korres-pondent der *Trier'schen Zeitung* schreibt:»Mehrere Barricaden wa-ren sehr fest aus Steinen, Balken und Fässern zusammengesetzt, und würde deren Wegnahme sicher viel Blut gekostet haben, wären sie vertheidigt worden.«

Und Spott kommt hinzu. »Wunderbare Leute die Rheinländer!« ist ein Berliner Flugblatt überschrieben. Darin heißt es:»Die Cölner Demokraten sind noch elender wie die anderen [Demokraten], sie liefen davon und das 16te Regiment nahm die Barrikaden mit Gewehr über, ohne einen Schuß zu tun.«

Obwohl jetzt Ruhe herrscht, wird am 26. September über Köln der Belagerungszustand verhängt – zur Überraschung und zum Entsetzen vieler. Zur Begründung hieß es:»Die Vorfälle des gestri-gen Tages und der Nacht haben zur Genüge bewiesen, dass mit den gewöhnlichen Mitteln der gesetzliche Zustand der Stadt nicht aufrechterhalten werden und Personen und Eigenthum nicht hinlänglich geschützt werden können.« Die preußischen Behör-den setzen die Presse-, Versammlungs- und Vereinigungsfreiheit außer Kraft. Alle Bürger müssen sofort ihre Waffen abgeben. Dann diese Drohung:»Wer in offenem und bewaffnetem Widerstand gegen die Maßregeln der [...] Behörden betroffen wird, soll vor ein Kriegsgericht gestellt werden.« Die Regierung sei bereit, gegebe-nenfalls auch »zu den äußersten Mitteln« zu greifen.

Vier Tageszeitungen werden verboten, unter anderem die *Neue Rheinische Zeitung*, deren Chefredakteur Marx immer wieder gegen die Preußen anschrieb, und die *Neue Kölnische Zeitung* von Mathilde Franziska Anneke. Sie ändert den Namen des Blattes in *Frauen-Zeitung*, doch wird bereits deren dritte Ausgabe beschlagnahmt.

Die Reaktion hat obsiegt – gegen Demokraten helfen eben nur Soldaten ...

NACH DER REVOLUTION

Zur historischen Wahrheit gehört auch, dass die Furcht vor zu radikalen Forderungen der Arbeiterschaft viele Bürger spätestens seit dem Frühsommer 1848 auf die Seite staatstragender Konservativer trieb. Die Zeit für einen großen Umbruch, wie ihn demokratische und sozialistische Köpfe anstrebten, schien noch nicht reif. Allerdings: Zum ersten Mal in preußischer Zeit war »die Masse der Bevölkerung« in Städten wie Köln und »auf dem Lande als politischer Faktor in Erscheinung getreten«, resümierte der Historiker Karl-Georg Faber. Und das ist überaus bemerkenswert: Nur hier, am Rhein, gab es keine Toten zu beklagen – fast ein Wunder.

Bald schon folgte Prozess auf Prozess. Andreas Gottschalk und Fritz Anneke, wegen Hochverrats angeklagt, wurden freigesprochen – ebenso wie in einem anderen Verfahren Karl Marx, der zum Steuerboykott aufgerufen hatte, um den Staat ins Mark zu treffen. Die Geschworenen konnten darin, anders als der Staatsanwalt, keine »Aufforderung zur Rebellion« erkennen. Im Mai 1849 wurde Marx aus Deutschland ausgewiesen und ging nach London. Dort konzentrierte er sich auf sein Lebenswerk *Das Kapital*.

Fritz und Mathilde Franziska Anneke beteiligten sich zunächst an der Revolution in Baden und wanderten später nach Amerika aus. Er nahm als Oberst der Nordstaatenarmee am Bürgerkrieg teil, sie setzte sich für das Frauenwahlrecht ein. Franz Raveaux ging ins Exil, nach Brüssel. 1851 verurteilte ihn das Kölner Schwurgericht in Abwesenheit wegen Rebellion und Hochverrats zum Tode.

Andreas Gottschalk, der Mediziner, blieb in Köln. Aufopferungsvoll kümmerte er sich um Menschen, die im Sommer 1849 während einer Choleraepidemie erkrankten – und starb am 8. September selbst an der Seuche. An seiner Beerdigung auf dem Friedhof Melaten nahmen 4.000 Menschen teil.

EINE MAGD WILL IHRE RUHE

DER BRAND DES STADTTHEATERS

15. FEBRUAR 1869

Durch das städtische Theater in der Komödienstraße dringt die markige Stimme eines Ostpreußen. »Überall, wo ich bin«, raunzt der 50-jährige Dichter und Politiker Wilhelm Jordan aus Insterburg den Türschließer an, »überzeuje ich mich jenau über einen Fluchtweg, wenn's mal losjehen sollte. Wir befinden uns ja alle in Lebensjefahr!«

Es ist Pause zwischen dem ersten und zweiten Teil des Schauspiels *Dorf und Stadt* von Charlotte Birch-Pfeiffer. Theaterbesucher Jordan geht auf Inspektionstour: Die Tür des Notausgangs ist verschlossen, das Schloss total verrostet.

»Wo ist der Schlüssel?«

»Dä hängk im Büro, Här.«

»Dann holen Sie ihn mal, rasch, juter Freund.«

»Dat Büro is ald zo, Här.«

Jordan lässt sich den Mantel geben: »Hier bleibe ich nicht länger. Nehmen Sie mir's nicht übel.« Der Theaterkritiker Hermann Schmidt, der Jordan eingeladen hatte, begleitet ihn, gemeinsam mit einem Kollegen. In Köln wird an diesem 15. Februar 1869, es ist Rosenmontag, kräftig Karneval gefeiert. Die Herren beschließen, an der Großen Neugasse »Im Dragoner« einzukehren. Während sie ordentlich Wein trinken, geht in der Komödienstraße der Theaterabend zu Ende. Danach wird aber im Theater noch eifrig weitergearbeitet. Laut Spielplan sind am folgenden Tag *Lieschen Wildermuth* und *Feuer in der Mädchenschule* an der Reihe. Für eine geplante Aufführung der *Zauberflöte* werden im Bühnenraum bereits neue Dekorationsstücke gezimmert.

Der Kölnbesucher Jordan hatte leider recht mit seinen Befürchtungen. Er liegt noch ziemlich benebelt in seinem Hotelbett, als am frühen Morgen in der Stadt Feueralarm ertönt. Das Theater in der Komödienstraße brennt lichterloh, aus dem Inneren dringen schwache Hilferufe nach draußen. Arbeiter können es nicht sein, die letzten sind längst gegangen. Sieben Menschen kämpfen verzweifelt um ihr Leben: der Theaterkassierer Nicolaus Backhaus, seine Frau und die fünf Kinder, die in dem Gebäude wohnten. Doch niemand kann sie retten. Als der Brand in dem eng bebauten Stadtviertel endlich gelöscht werden kann, sind alle tot.

Die Ermittlungen der Polizei lassen sich nur schleppend an. Ein Beamter, der im Brandschutt nach Spuren suchen soll, wird dabei ertappt, wie er versucht, aus einer verkohlten Kassette Münzen zu kramen. Andere, im Dienst ergraute Polizisten, diskutieren erst einmal über alte Fälle. Denn dies ist schon der dritte Kölner

Das städtische Theater in der Komödienstraße, Aquarellzeichnung von 1852

Theaterbrand: 1849 war das Vaudeville-Theater von Franz Stollwerck in der Schildergasse aus ungeklärter Ursache abgebrannt, 1859 war das städtische Theater schon einmal durch ein Feuer zerstört worden. Man hatte es wiederaufgebaut, und jetzt war es erneut in Flammen aufgegangen. Erstaunlich.

FÜNF JAHRE ZUCHTHAUS

Wenige Tage später scheint der Fall gelöst zu sein. Eine Magd namens Ursula Schmitz hat sich der Polizei gestellt und erklärt, sie habe im Theater Feuer gelegt. »Ich war gerade einen Tag bei den Backhausens beschäftigt«, sagt sie aus, »dann hatte ich keine Lust mehr. Deshalb habe ich's angezündet.« Ursula, die bereits mehrfach im Gefängnis gesessen hat und bei ihrer Vernehmung einen ziemlich verwirrten Eindruck macht, wird festgenommen. In den folgenden Verhören tischt sie ein Märchen nach dem anderen auf: Mal soll ein Hafenarbeiter die Familie getötet haben, um an die Tageseinnahmen des Theaters zu kommen. Mal soll es im Theater wilde Orgien gegeben haben – mit ihr im Mittelpunkt. Mal war sie Haupttäterin, mal nur Mitläuferin in einer Bande.

Nichts von alledem stimmt. Die Magd redet nur deshalb so viel, weil sie so lange wie möglich im Gefängnis bleiben will. Einem Rechtsanwalt vertraut sie später an: »Ich habe dieses ständige Herumtreiben satt – immer nur ein Dach über'm Kopf, wenn ich einem Mann zu Willen bin. Ich will meine Ruhe haben.«

Diese Ruhe währt allerdings nicht lange. Als sie erfährt, dass Brandstiftung ein schweres Verbrechen ist, das mit dem Tode bestraft werden kann, widerruft sie alle ihre Geständnisse. Dennoch kommt es zum Prozess. Doch selbst der Ankläger sieht schon nach kurzer Zeit ein, dass man Ursula Schmitz den Brand und damit den Tod der Familie Backhaus nicht anlasten kann. Die Magd wird in diesem Punkt freigesprochen – ins Zuchthaus kommt sie dennoch: Fünf Jahre muss sie dafür büßen, dass sie etliche Leute falsch beschuldigt hat.

Zum christlichen Andenken

an die

i dem Theaterbrande am 16. Februar 1869
zu Köln verunglückte Familie

Nicolaus Backhaus,

40 Jahre alt, Theater-Cassirer,

evang. Confession,

und

Constanze Backhaus,

geb. Baum, 39 Jahre alt,

katholischer Confession.

und deren Kinder:

Anna, 13 Jahre alt,

Franciska, 10 ,, ,,

Maria, 8 ,, ,,

Theodor, 7 ,, ,,

Elisabeth, 5 ,, ,,

Wenn die Bürgerschaft Köln's am Grabe der
amilie die innigste Theilnahme bekundet, so er-
nert das schreckliche Ereigniss uns Alle an die
ahnung des Herrn:

„Wachet, denn Ihr wisset weder den Tag noch
die Stunde." Matth. 25. 13.

————————

Die feierlichen Exequien werden Dienstag den 23. Februar
orgens 9 Uhr in St. Andreas abgehalten.

angen'sche Buchdr.

Wie und warum das Feuer im Stadttheater ausbrach, konnte nie ermittelt werden.

Am 23. Februar 1869 wurden die sieben Opfer auf Melaten zu Grabe getragen. Die Stadt übernahm die Kosten. Der Grabstein aus hellem Sandstein trug die Inschrift: »Zum christlichen Andenken an die bei dem Theaterbrande zu Köln am 16. Februar 1869 verunglückte Familie: Nicolaus Backhaus, Theater-Cassirer, 40 Jahre alt, dessen Gattin Constanze geb. Baum, 39 Jahre alt, und deren Kinder Anna, 13 Jahre alt, Franciska, 10 Jahre alt, Maria, 8 Jahre alt, Theodor, 7 Jahre alt, Elisabeth, 5 Jahre alt. – Wachet, denn Ihr wisset weder den Tag noch die Stunde. Matth. 25, 13.«

Das Grab lag im Flur 28, Nr. 28, wurde aber vermutlich im Zweiten Weltkrieg bei einem Bombenangriff zerstört.

Dem
Maler Bock
das
dankbare Köln

Siegesallee im Kölner

Stadtwald!

H. REUTE

NACHRUF AUF EINEN LEBENDEN

MALER BOCK, ORIGINAL UND MÜSSIGGÄNGER

JANUAR 1873

Eigentlich sollte Heinrich Peter Bock Metzger werden – doch wurde er weder Metzger noch sonst etwas: Er wurde der »Maler Bock«, obwohl er nie ein Bild gemalt hat. Der Maler Bock, geboren am 30. Juli 1822, war und ist bis heute eines der größten Kölner Originale.

Über ihn gibt es Hunderte Geschichten und Tausende Episödchen. Wenn er durch die Stadt eilte, am linken Fuß einen Pantoffel, am rechten einen Stiefel mit Reitersporn, über der linken Schulter einen kleinen spanischen Mantel, auf dem Kopf einen spitzen Hut mit Feder, unter dem linken Arm eine Mappe, die angeblich Zeichnungen enthielt, und in der rechten Hand eine gelb glasierte Schüssel, dann verfolgten ihn stets Dutzende von Kindern. Sie versuchten, mit Steinen die Schüssel zu treffen, und wenn es ihnen gelang, stoppte Bock, drehte sich um und drohte: »Ihr gemeines Bürgerpack! Ich werde euch zerschmettern, aber lieber verlasse ich Deutschland und gehe nach Nippes!«

Seine besten Auftritte hatte er, wenn er in einer Gaststätte auftauchte, um der Wirtin zum Geburtstag oder Namenstag zu gratulieren. Er überbrachte einen Blumenstrauß aus Klatschmohn oder Hundskamille und schmachtete dabei: »Schöne Frau, ich gratuliere herzlich. Sie sind die Edelste Ihres Geschlechtes. Mögen Amouretten Sie in Ihren Träumen umspielen.«

Natürlich wurde er dann zu einem kleinen Imbiss eingeladen. Stets nahm er ein Röggelchen mit Käse, biss erst in den Käse und sagte: »Herr Ober, das Röggelchen ist zu groß. Bitte noch etwas Käse.« Das wiederholte er so lange, bis er sich satt gegessen hatte. Oftmals ging er in Bäckereien, legte einen Groschen auf die Theke und sagte: »Bitte geben Sie mir ein Pfund geschnittenes Brot.« Der Bäcker gab ihm das Brot, nahm erst einmal das Geld in die Hand und steckte es ihm dann wieder zu: »Das ist ja viel zu viel.« So schnorrte sich der große Lebenskünstler durchs Leben.

»SCHUFTIGE ANSTALT«

Dass Maler Bock dabei zuweilen mit dem Gesetz in Konflikt geriet, verwundert nicht. Mal wegen Majestätsbeleidigung, mal deshalb, weil er keinen festen Wohnsitz besaß, was ihn oft genug vor den Kadi brachte. Als er einmal wegen »obdachlosen Umhertreibens« zu vier Wochen Haft verurteilt wurde, legte er Berufung ein und verteidigte sich vor der Strafkammer selbst: »Meine Herren, ich handle mit Blumen und Stammblättern, vorzüglich in den Kasernen, davon wissen die Soldaten zu erzählen. Ich verkaufe auch Tonpfeifen, aber wenn es in den Akten heißt, ich kehrte auch Straßen, so ist das nicht wahr, denn das tue ich nur aus Gefälligkeit. Ich wohne in Kalk, das kann ich beweisen. Ich habe immer mit Rebellen zu tun gehabt, die mich misshandelten. Ich war aber nie unehrlich: Ich habe einen Anzug, den ich gefunden, zurückgebracht, obschon mir die Kleider vom Leibe fielen, und beinahe hätte ich mir auch einmal die Rettungsmedaille verdient.«

Heinrich Peter Bock wurde freigesprochen.

Doch wann immer ihn ein Gericht wegen »fortgesetzter Müßiggängerei« verurteilte, wurde er in die Arbeitsanstalt nach Brauweiler geschickt – Maler Bock selbst bezeichnete sie als sein »Landgut«. Hier musste er einmal mit einem anderen Kölner Original, dem »Fleuten-Arnöldche«, in der Seilerei arbeiten. Nach kurzer Zeit erklärte Bock, er wolle mit Fleuten-Arnöldche nichts mehr zu tun haben. Begründung: »Der sagt immer ›Du‹ zu mir.« Bei einem weiteren Aufenthalt im »Landgut« sollte er bei der Renovierung des Chors der berühmten Abteikirche helfen. Er weigerte sich mit den Worten: »Sehen Sie, Herr Direktor, später wird man fragen: ›Wer hat denn die herrliche Malerei im Chor gemacht?‹ Und wenn man dann wahrheitsgemäß sagen müsste: ›Der Maler Bock!‹, würden die also Beschiedenen erstaunt fragen: ›Wie? War denn dieser bedeutende Künstler hier in der schuftigen Anstalt untergebracht?‹«

Die Brauweiler Arbeitsanstalt hatte in der Tat einen ganz schlechten Ruf. Hier herrschte eine überaus strenge Hausordnung, die Insassen wurden in beengten Einzelzellen, »Behälter« genannt, weggesperrt und oftmals körperlich gezüchtigt. »Abschreckung und wirtschaftliche Ausbeutung«, so heißt es in einer kritischen Darstellung über jene Jahre, hätten »dominiert über das eigentliche Projekt der gesellschaftlichen Wiedereingliederung sozialer Randgruppen«.

DÜSSELDORFER GERÜCHTE

Bock schien in ganz Deutschland so bekannt zu sein, dass ihm die katholische, in Berlin erscheinende Tageszeitung *Germania* im Januar 1873 einen langen Nachruf widmete – obwohl er, damals 51 Jahre alt, noch ganz munter lebte. Autor war der Chefredakteur selbst, Paul Majunke. Er schrieb also: »Der am 12. ds. Mts. in Brauweiler bei Köln verstorbene, auch in weiteren Kreisen bekannte Maler Professor Bock [...] hat sein ganzes, nicht unbedeutendes Vermögen testamentarisch zu frommen und milden Zwecken vermacht. Unter anderem bestimmte er eine Summe von 20.000 Thalern zur Erbauung eines katholischen Mägdehauses ...«

Und weiter hieß es, der »namentlich durch seine Altarbilder bekannt« gewordene Bock sei vor etwa zehn Jahren vom Protestantismus zur römisch-katholischen Kirche übergetreten – »ein Schritt der ihm [...] in hiesigen Künstlerkreisen viele Anfeindungen verursachte, so daß er den Entschluß faßte, sich auf sein Landgut in Brauweiler zurückzuziehen und dort den Rest seiner Tage in Ruhe und wahrer Frömmigkeit zu verbringen«.

Eine Zelle in der Arbeitsanstalt Brauweiler

Quelle für diese Falschmeldung waren offenbar in Düsseldorf kursierende Gerüchte über Bocks Tod. Düsseldorf, ausgerechnet. Rheinische Journalistenkollegen machten sich lustig über Majunke. Die *Kölnische Volkszeitung* druckte seinen Text »zur Erheiterung des Kölner Publikums« nach – ebenso wie die Kölnische Zeitung, eingeleitet von diesem Satz: »Die fromme Berliner Germania des Herrn Majunke, dem man nicht bestreiten kann, daß er schon des Öfteren Heiteres geleistet, hat sich in seinem Genre soeben selbst übertroffen.«

Heinrich Peter Bock starb am 2. Dezember 1878 mit 56 Jahren in der Dürener Provinzialirrenanstalt. Bock sei, so skizziert ihn der Brauchtumsforscher Reinold Louis, »die bekannteste und beliebteste Kölner Straßenfigur« gewesen – ein »großer Schauspieler, der sein ganzes Leben lang Komödie gespielt hatte«. Und der mit Sicherheit auch ein psychisch kranker Mensch war.

Im *Kölner Personenlexikon* steht knapp: »Bock inszenierte sich ohne fachliche Ausbildung als Malgenie. Die bürgerliche Kölner Gesellschaft unterhielt zu ihm ein ambivalentes Verhältnis zwischen Belustigung und Empörung.« Eine der kürzesten Straßen Kölns, 67 Meter lang, trägt seinen Namen: Maler-Bock-Gässchen.

DER GESCHÄDIGTE DRITTE

KÖLNS ERSTER KLÜNGELPROZESS

AUGUST 1894

Die Sache begann – man ist geneigt zu sagen: natürlich – im altehr-würdigen Rathaus zu Köln. Sie ließ den Regierungspräsidenten aktiv werden und beschäftigte schließlich auch den preußischen Innenminister in Berlin. Mittendrin kein Rheinländer, sondern ein Bayer aus dem Allgäu: der Kaufmann Gottfried Linde. Tat-bestand: Klüngelei.

Linde betrieb in Köln ein Kühlhaus. Metzger lagerten dort ihr Fleisch ein und bezahlten dafür Miete – ein gutes Geschäft. Eines Tages bekam er Konkurrenz. Der Ingenieur Wilhelm Georg Lämmert und einer seiner Brüder wollten auch ein Kühlhaus bauen und wandten sich deshalb an die Stadtverwaltung mit der Bitte um Unterstützung. Diese schloss mit den beiden einen Vertrag, der eine Subvention des Projekts vorsah – finanziert aus einem Reservefonds, der eigentlich für den Bau eines neuen Köl-ner Schlachthofs in Ehrenfeld gedacht war. Im März 1891 billigten die Stadtverordneten diesen Vertrag.

Dem Regierungspräsidenten Chlodwig von Sydow missfiel es, dass bereits verplante Gelder anderweitig eingesetzt werden sollten, und er stoppte die Entscheidung. Doch die Ratsmitglieder erwiesen sich als flexibel: Nun bewilligten sie den Lämmerts Geld aus allgemeinen Haushaltstiteln: 47.500 Mark, in fünf Jahresraten. Im Gegenzug mussten die Brüder schriftlich garantieren, eine neue Maschine für die Kälteerzeugung anzuschaffen. Bedingung war auch, dass die Temperaturen in den Zellen des Kühlhauses beständig zwischen zwei und fünf Grad Réaumur zu halten seien, umgerechnet in Grad Celsius: nicht über 6,25. Für jeden Tag, an dem dieser Richtwert überschritten wurde, war eine Konventionalstrafe von 50 Mark fällig.

»THERMOMETER CONTROLLIRT«

Die Gebrüder Lämmert hatten mit ihrem Kühlhaus schnell Erfolg, und dem armen Gottfried Linde liefen die Kunden weg. Er sah sich gezwungen, seine Mietpreise zu senken und machte innerhalb weniger Jahre erhebliche Verluste, die an die Substanz gingen.

Das war bitter für ihn, und weil es dezente Hinweise gab, bei der Konkurrenz stimme etwas nicht, begann Linde mit eingehenden Recherchen. Schon bald fand er heraus, dass ein eifriger Befürworter der Kühlhaussubvention klammheimlich zum Geschäftsführer der Firma Lämmert avanciert war – nämlich der Stadtverordnete Johann Maria Klein, ein Metzgermeister. Überdies war keine neue Maschine gekauft worden, es wurde vielmehr mit einer alten, leistungsschwachen gearbeitet – was dazu führte, dass die vorgeschriebene Temperatur von unter fünf Grad Réaumur kaum garantiert werden konnte. Schlecht für viele Metzger, die hier ihr Schlachtfleisch einlagerten.

Über seine Ermittlungen informierte Linde 1892 Kölns Oberbürgermeister Friedrich Wilhelm Becker – und forderte, den Gebrüdern Lämmert die im Vertrag festgelegte Konventionalstrafe aufzuerlegen. Becker leitete die Eingabe weiter an den Schlachthofdirektor Albert Lubitz. Der spielte die Sache herunter und

Friedrich Wilhelm Becker, Oberbürgermeister von 1886 bis 1907

Der geschädigte Dritte

Stenogramm

der

Verhandlung vor der Strafkammer des Königlichen Landgerichtes Köln a. R

am 29., 30., 31. August 1894

in der Sache:

Der „Klüngel" im
Rathhaus zu Köln a. R

Preis 50 Pfg.

Im Selbst-Verlag von Gottfr. Linde in Köln a. Rh.

behauptete, zu »den verschiedensten Stunden die Thermometer controllirt« zu haben, stets habe die Temperatur unter fünf Grad Réaumur gelegen – »abgesehen« von verschwindend geringen Fällen. Weil sich Becker damit zufriedengab und nichts weiter unternahm, wandte sich Linde an den Regierungspräsidenten. Der Schlachthofdirektor habe nie die Temperaturen überprüft, erklärte er. Dies wies der zuständige Sachbearbeiter mit Vehemenz zurück, ebenso den Vorwurf Lindes, der Stadtverordnete Klein sei wegen schwerwiegender Interessenkollisionen eigentlich nicht mehr tragbar. Ganz im Gegenteil: Der Oberbürgermeister habe Klein wegen seines Engagements in Sachen Kühlhaus »lebhafteste Anerkennung« gezollt.

Um die Sache weiterzutreiben, musste Linde provozieren. Er ließ einen an Schlachthofdirektor Lubitz adressierten Brief drucken und an alle Metzger und Stadträte schicken. Der wichtigste Satz darin lautete: »Für Ihr ganzes Vorgehen in dieser Angelegenheit habe ich nur ein Wort: ›Klüngel‹.« Auch an den preußischen Innenminister Botho Wendt August Graf zu Eulenburg schickte er ein dickes Papier mit der Überschrift »Der ›Klüngel‹ im Rathhaus zu Köln a. Rh.«.

Klüngel – zu Köln am Rhein eigentlich nichts Neues.

PROZESS GEGEN LINDE

Der Minister reagierte prompt, allerdings nicht im Sinne Lindes. Graf zu Eulenburg wies nämlich den Oberbürgermeister an, den Schlachthofdirektor aufzufordern, gegen Linde Strafantrag wegen Beleidigung, Verleumdung und falscher Anschuldigung zu stellen. Albert Lubitz tat dies am 30. November 1893 mit dem Hinweis, er sei »als städtischer Beamter [...] schwer herabgesetzt worden«, somit sei auch die »Königliche Regierung betroffen«.

Am 2. Juni 1894 erhob die Staatsanwaltschaft Anklage. Die Strafkammer beschloss, gegen Linde wegen Beleidigung zu verhandeln – nicht aber, wie beantragt, auch wegen falscher Anschuldigung und Verleumdung. Die Hauptverhandlung fand Ende

August unter Vorsitz von Landgerichtsrat Genius statt. Einer der Verteidiger Lindes kam direkt auf das zentrale Thema zu sprechen und bat seinen Mandanten zu erklären, was er unter Klüngel verstehe. Darauf Richter Genius: »Das wird wohl jeder Kölner wissen.« Angeklagter Linde: »Ich bin zwar kein Kölner, sondern erst 12 Jahre hier, aber wenn ich die Frage durch ein Sprüchwort beantworten darf, so kann ich das am besten durch das Sprüchwort: ›Eine Hand wäscht die andere zum Nachtheil des Dritten‹«.

Anwalt: »Ich bitte zu fragen, ob Linde nur die Absicht hatte, durch seine Angriffe seine Conkurrenten, Gebrüder Lämmert, zu schädigen?« Genius fragte entsprechend und fügte hinzu: »Oder wollten Sie nur den Rechtszustand feststellen?« Linde: »Ich wollte nur den Rechtszustand auf Grund des Vertrages. Das habe ich auch dem Untersuchungsrichter gesagt. Der Untersuchungsrichter hat mir unterstellt, ich handle aus Brodneid.« Vorsitzender: »Etwas Brodneid muss doch wohl im Spiel sein?« Linde, knapp: »Ich habe in 5 Jahren einen Schaden von 60.000 Mark gehabt.«

Dann wurden Zeugen vernommen. Einer war der Metzgermeister Franz Moll. Vorsitzender: »Haben Sie festgestellt, dass die Temperatur oft über 5 Grad Réaumur war?« Moll: »Darum habe ich mich niemals bekümmert. Ich habe nur bemerkt, dass nicht genügende Kühlung da war, weil ich das an meinem Fleisch konnte sehen. Denn es war mir auf einmal ein Posten von 70 oder 80 Pfund verdorben, was ich nun auf den Dreckhaufen werfen konnte. Darüber habe ich mich beschwert bei Lämmert. Da hat er gesagt, wenn mir das nicht gefiel, sollte ich mir ein anderes Kühlhaus nehmen.« Vorsitzender: »Sie führen das also zurück auf die zu hohe Temperatur?« Moll: »Ja, man kann das immer so merken. [...] Das ist mir noch niemals vorgekommen bei Linde.«

Der Metzger Heinrich Gräfen erklärte dem Gericht, die Temperatur in Lämmerts Kühlhaus habe »meist zwischen sieben und acht Grad« gelegen. Auch ihm seien große Mengen Fleisch verfault. Er habe dies dem Geschäftsführer, Stadtrat und Innungsobermeister Johann Maria Klein mitgeteilt, doch dieser habe ihm unterstellt, bereits schlechtes Fleisch im Kühlhaus eingelagert zu haben.

Auf Kühlung angewiesen: Schlachterei in Hilversum zu Beginn des
20. Jahrhunderts

Dass die Beweisaufnahme für den Angeklagten richtig gut verlaufen war, interessierte den Staatsanwalt mitnichten. An der Art und Weise, wie der Vertrag zwischen der Stadt und den Lämmerts zustande gekommen war, wollte er nichts Merkwürdiges erkennen. Dass Fleisch verdorben war, führte er – ebenso wie Klein – auf bereits vorhandene Keime zurück. Sein Plädoyer endete mit den Worten: »Ueber das Wort ›Klüngel‹ lasse ich mich nicht ein; es ist so bekannt in Köln wie der ›vernickelte Schohmächer‹; es sind das thypische Ausdrücke in Köln, von denen jeder Mensch weiss, was damit verbunden ist. [...] Es sind ihrer Natur nach Worte, geschaffen zur Beleidigung, und stets verwandt worden zur Beleidigung.« Er beantrage deshalb eine »directe Gefängnisstrafe«: zwei Monate Haft.

Die Verteidiger forderten, klar, einen Freispruch. Charakteristisch für den Begriff Klüngel sei »ein geheimes Zusammenwirken, um sich gegenseitig zu protegieren oder zusammen gegen einen Dritten zu wirken«, argumentierten sie. »Man denkt dabei an eine Verabredung hinter einem Windfang. Sie ersehen daraus, dass das Wort ›Klüngel‹ nicht unbedingt ein Vorwurf ist. In jedem einzelnen Falle ist es anders zu verstehen. Jedenfalls bleibt immer übrig, dass im Geheimen agitirt wird, und dies musste Linde hier annehmen.«

Nach nur 45-minütiger Beratung verkündete der Kammervorsitzende Genius das Urteil: »Der Angeklagte wird von der gegen ihn erhobenen Anklage der Beleidigung freigesprochen; die Kosten des Verfahrens werden der Staatskasse zur Last gelegt.« In der schriftlichen Begründung definierte das Gericht den Begriff Klüngel so: »Eine kurze, specifisch Kölnische aber wohl allgemein verständliche Bezeichnung für ein gewisses, nicht ganz ehrenhaftes, Verhalten, für welches es an einer andern prägnanten Bezeichnung fehlt. Der Gebrauch dieses Wortes nöthigt nicht [...] zu der Annahme, dass der Angeklagte hat beleidigen [...] wollen.« Weil der Staatsanwalt auf eine Revision verzichtete, wurde dieses bahnbrechende Urteil rechtskräftig. Der Klüngelvorwurf mag demnach formal gesehen eine Beleidigung sein. Entscheidend ist jedoch, was Juristen als »subjektive Seite« bezeichnen: Wer aufgrund verschiedener Erkenntnisse und Wahrnehmung glaubt, es sei geklüngelt worden, der darf sich dieses Ausdrucks auch bedienen.

Seit dieser ersten juristischen Definition ist der Klüngel noch unzählige Male beschrieben und erläutert worden. So erklärte Konrad Adenauer, bis 1933 Oberbürgermeister seiner Heimatstadt Köln und später Bundeskanzler, das Phänomen zum Beispiel mit diesen Worten: »Wir kennen uns, und wir helfen uns.« Einer seiner Nachfolger als Oberbürgermeister, Norbert Burger, sagte: »Klüngel ist das Ausräumen von Schwierigkeiten im Vorfeld von Entscheidungen.« Und Günter Heidecke, Regierungspräsident von 1967 bis 1978, befand kurz: »Ich kann jot telefoniere!«

Köln ohne Klüngel – nicht denkbar.

Informationen zum Autor

Georg Bönisch, geb. 1948, war Redakteur bei der *Kölnischen Rundschau, Die Welt* und dem Nachrichtenmagazin *Der SPIEGEL*. Er ist Autor mehrerer Sachbücher. Im Greven Verlag erschienen unter anderem:»Fernschreiben 827 – Der Fall Schleyer, die RAF und die Stasi«, »Der 96-Prozent-Mann – Kölns Oberbürgermeister Theo Burauen« und der True-Crime-Band »Düsseldorf Kriminell – Mörder, Zocker, Terroristen«.

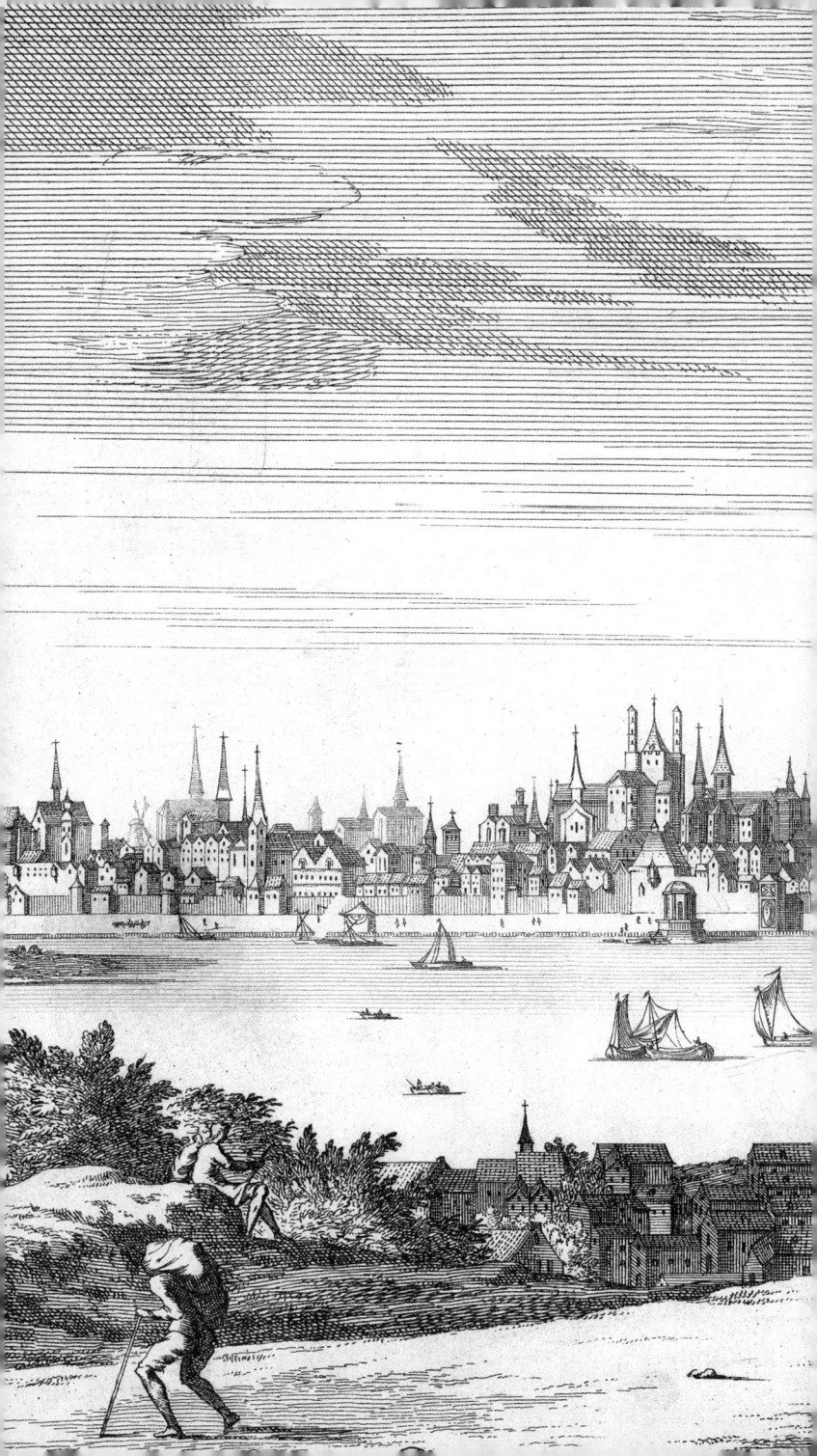